Geschichten als Predigten

Daß Erzählungen und Bilder die Menschen oft unmittelbarer ansprechen können als eine »trockene« Auslegung, ja, daß eine solche Verkündigung in unserer heutigen Zeit wieder ebenso aktuell ist, wie es die Gleichnisse und Bilder in der biblischen Zeit waren – diese Erfahrung macht Willi Hoffsümmer immer wieder und möchte sie mit dem vorliegenden Buch weitergeben.

Er veröffentlicht darin 30 Geschichten, die er über viele Jahre hinweg gesammelt und als Predigten verwendet hat. Die Texte sprechen für sich: Im Kern liegt die Botschaft Jesu verborgen, die dann nicht durch viele Erklärungen gedeutet zu werden braucht; oft genügen ein oder zwei Sätze als Hinführung.

Die Geschichten sind nach ihrer Verwendbarkeit für Kinder und Erwachsene unterteilt und nach dem Kirchenjahr geordnet. Stichwort- und Schriftstellenverzeichnis ermöglichen das rasche und gezielte Auffinden eines passenden Textes.

Ein Buch aus der Praxis für die Arbeit in der Gemeinde!

Willi Hoffsümmer, geb. 1941. Pfarrer in Bergheim-Paffendorf. Veröffentlichungen: Anschauliche Predigten für Kinder-, Jugend- und Familiengottesdienste ([3]1986); Bußgeschichten. TOPOS 99 ([4]1987); 33 Gruppenstunden für Ministranten ([3]1988); Firmgeschichten. Hinführung zur Firmung für Jugendliche und Gruppenleiter. TOPOS 126 ([5]1989); Geschichten für Kranke. TOPOS 188 (1989); Geschichten wie kostbare Perlen ([3]1988); Geschichten wie Spiegel des Herzens (1986); Geschichten wie Wegweiser (1988); Geschichten zum Sakrament der Ehe. TOPOS 166 ([2]1989); Glaube trägt ([5]1987); 133 Kinderpredigten mit Gegenständen aus dem Alltag ([6]1987); 111 Bausteine für Gottesdienste mit 3–7jährigen und religiöse Feiern im Kindergarten ([2]1987); 144 Zeichenpredigten durch das Kirchenjahr. Mit Gegenständen aus dem Alltag ([4]1989); Kommuniongeschichten. Brot fürs Leben. TOPOS 79 ([12]1989); Kurzgeschichten 1. 255 Kurzgeschichten für Gottesdienst, Schule und Gruppe ([10]1988); Kurzgeschichten 2. 222 Kurzgeschichten für Gottesdienst, Schule und Gruppe ([6]1989); Kurzgeschichten 3. 244 Kurzgeschichten für Gottesdienst, Schule und Gruppe ([3]1988); 99 Kinderpredigten. Mit Gegenständen aus dem Alltag ([2]1988); Religiöse Spiele für Gottesdienst und Gruppen 1 ([4]1987); Religiöse Spiele für Gottesdienst und Gruppen 2 ([3]1989); 77 religiöse Spielszenen für Gottesdienst, Schule und Gruppen (1989); Wir wagen den Glauben ([3]1987); 2×11 Bußfeiern mit Gegenständen aus dem Alltag. Wortgottesdienste für Erwachsene, Jugendliche und Kinder ([2]1985); Nikos Traum (zus. mit Eva Grabmüller) (1983); Gott ist mit David (zus. mit Alicia Sancha) (1986). Gesamtauflage: über 400.000.

Willi Hoffsümmer (Hg.)

Geschichten als Predigten

Für Gottesdienst, Schule und Gruppe

Matthias-Grünewald-Verlag · Mainz

Meinem Neffen Thomas Hoffsümmer

CIP-Titelaufnahme der Deutschen Bibliothek

Geschichten als Predigten : für Gottesdienst,
Schule und Gruppe / Willi Hoffsümmer (Hg.). –
Mainz : Matthias-Grünewald-Verl., 1989
  ISBN 3–7867–1432–0
NE: Hoffsümmer, Willi [Hrsg.]

© 1989 Matthias-Grünewald-Verlag, Mainz

Satz: Roddert Fotosatz, Mainz
Druck und Bindung: Buch- und Offsetdruckerei Wagner GmbH, Nördlingen

ISBN 3–7867–1432–0

Inhalt

II. Geschichten als Predigten für Kinder

Festzeiten im Kirchenjahr

Sonntage im Jahreskreis

An einem Sonntag im Advent hatte ich mein Aha-Erlebnis: Mich ärgerte wieder einmal die wachsende Anzahl der Weihnachtsmärkte, die nun auch die letzten stillen Sonntage durch Kaufzwang ersetzen. Ich wollte wenigstens den Kirchenbesuchern klarmachen, daß es bei Wunschzetteln nicht auf Länge ankommt und wir doch eigentlich alles Wichtige haben ...

Ich sagte es nicht, sondern las »nur« eine Geschichte vor: die Erzählung von einem Contergankind, das mühsam mit seinem Fuß auf einen Wunschzettel schreibt: »Schenk mir Hände!«* Ich merkte schon während der Geschichte, in die ich mich vorher gut hineingelesen hatte, wie es still wurde; man hätte eine Stecknadel fallen hören können. Nachher erzählten mir viele Meßbesucher: »Mir sind dabei die Tränen gelaufen!« und »Kann ich diese Geschichte haben?« Wann weint schon mal jemand bei unseren Predigten? (Vielleicht bei angstmachenden Drohbotschaften im überholten Stil?) Hätte ich mit tausend Worten über dieses Problem mehr erreichen können? Über die Geschichte hatte ich das Innerste angerührt und erreicht, darüber nachzudenken: Was ist wirklich wichtig? Und jetzt war es leicht, mit *einem* Satz in größere Zusammenhänge weiterzuführen: »Wir bereiten uns im Advent auf den Tag vor, an dem wir unserem Schöpfer und Erlöser *danken*. Aus seinen Händen bekommen wir alles Wichtige *geschenkt*.« Ich glaube, wir gingen in dieser hektischen Zeit des Advents erfüllter nach Hause ...

An einem Sonntag im Advent hatte ich mein Aha-Erlebnis: Es gibt Wege, auch heutzutage über das Ohr bis zum Herzen vorzudringen.

* Elfriede Becker (z. B. in: Kurzgeschichten 2, Nr. 9).

Einleitung

Langsam! Ich höre schon Ihren Einwand: So billig dürfen wir uns aus der Verkündigung des Wortes Gottes nicht davonstehlen! Einfach eine Geschichte vorlesen und fertig!

Da bin ich eigentlich Ihrer Meinung. Und doch: Haben Sie nicht bei einer Spielszene, im Theater oder Schauspielhaus schon erlebt, wie *ein* Satz unter die Haut ging und noch tagelang nachwirkte? Oft war es nicht einmal das Wort, sondern die Atmosphäre des Augenblicks, die das Herz traf und uns bewegter nachdenken ließ.

Ähnliches habe ich schon erlebt, wenn ich eine Geschichte vorlese, oder besser noch: erzähle. Diese Erfahrung möchte ich Ihnen weitergeben. Ich wage eine solche »Predigt« bei Erwachsenen etwa zweimal im Jahr, bei Kindern öfter.

Sie kostet in der Vorbereitung nicht weniger Zeit! Da muß jeder Satz sitzen, geflüstert oder geschrien, langsam oder schnell gesprochen werden; mit hoher oder tiefer Stimme erzählt – mit Gedankenstrich und vor allem: Pausen. Da dürfen die Augen nicht mehr am Papier kleben; selbst aus dem Mikrophon kann ich Vorteile herausholen ...

Bei jedem Verkündiger des Wortes wird eine gelesene oder erzählte Geschichte anders ausfallen. Hier, meine ich, kommt die Persönlichkeit zum Tragen und die persönliche Note in der Verkündigung hinzu. Wir sind ja keine Computer, die ihr Innerstes nicht zeigen können, weil sie keins haben.

Es geht um keine Ein-Mann-Show oder um Theater – damit Sie mich nicht mißverstehen. Weil der Mensch, so die Verhaltensforschung, nur ca. 20 % von dem behält, was das Ohr aufnimmt, will ich versuchen, über die oft tauben Ohren das *Herz* zu erreichen: Damit die Aussage unter die Haut geht!

Hat Jesus nicht auch in Bildern und Gleichnissen gesprochen, damit die frohe Botschaft nicht in den Ohren, sondern in den Herzen Wurzeln schlägt?

Ihr
Willi Hoffsümmer

I. Geschichten als Predigten für Erwachsene

Festzeiten im Kirchenjahr

Advent

1. Lieber Gott der Reichen!
(Adveniat/Misereor/»Dritte Welt« – Lk 3,10–18: 3. Adventssonntag, Lesejahr C)

Hinführung

Millionen Augen, nicht nur aus Südamerika, sind auf uns gerichtet. Sie schauen uns Christen in Europa an und fragen: Leben dort Menschen, die mit dem Evangelium ernst machen und die Stimme des Rufers in der Wüste hören, der fordert: »Wer zwei Gewänder hat, der gebe eines davon dem, der keines hat, und wer zu essen hat, der handle ebenso«? (Lk 3,11)
Wir hören eine Geschichte aus Lateinamerika, die uns das anschaulich vor Augen stellt.

Geschichte

Zunächst: In Südamerika gibt es fast überall viele Arme und nur wenige Reiche. Die Armen haben kleine ärmliche Kirchen. Die Reichen gehen in die schönste, älteste Kirche mit Marmorsäulen und riesigen, bunten Glasfenstern. In diese Kirche gehen die Armen nicht, weil sie hier nicht gern gesehen sind und sich unter den Reichen nicht wohlfühlen. Aber auf den Kirchenstufen warten die Allerärmsten und betteln die Reichen an.
Eines Sonntags gehen zwei kleine Jungen mitten im Gottesdienst in die Kirche der Reichen: Das Portal stand ja auf, und da sind sie andächtig hineingeschlichen, auf Zehenspitzen natürlich. Aber man hätte ihre Schritte sowieso nicht gehört, denn sie sind ja barfuß. Sie sind entsetzlich schmutzig und struppig und haben nichts an als zerlumpte Hosen. Der ältere von ihnen trägt auf dem Rücken einen alten Plastiksack. Darin sind ein verschimmeltes Brötchen, ein paar vertrocknete Weißbrotscheiben, drei kalte Pellkartoffeln und ein Stückchen Käse, das von Mäusen angenagt worden ist. Das alles

haben die beiden Jungen aus den Mülleimern von El Sol gewühlt: ihr Sonntagsessen.

Der Kirchendiener kommt gelaufen und will die Jungen hinausscheuchen, die gerade durch den Mittelgang auf den Altar zuwandern. Sie stinken. Ein paar Damen werfen ihnen entrüstete Blicke zu und rümpfen ihre Nasen.

»Fort mit euch«, flüstert der Kirchendiener. »Was habt ihr hier zu suchen? Geht in eure Kirche, dort, wo ihr hingehört!«

»Aber wir wollen euren Gott um etwas bitten«, flüstert der Ältere, der etwa neun Jahre alt ist. Genau weiß er sein Alter selber nicht. »Wir waren schon mal da, vor ein paar Tagen, als die Kirche leer war, aber da war wohl euer Gott nicht hier. Jedenfalls hat er uns nicht gehört, denn es ist nichts geschehen bis heute. Deshalb kommen wir nochmal, wo ihr alle hier versammelt seid. Denn jetzt ist er sicher da, wegen euch, und muß uns hören.«

»Schluß mit dem Gefasel«, zischt der Kirchendiener, stellt sich mit ausgebreiteten Armen vor sie hin und schneidet ihnen den Weg zum Altar ab. Aber sie sind wendig, sie haben gelernt, an Polizisten vorüberzuhuschen und an Dienstmädchen, die den Auftrag haben, Mülltonnenwühler zu verjagen. Sie lassen sich los und schlüpfen rechts und links am Kirchendiener vorbei, rennen hin zum Altar, wo sie sich wiederfinden und an den Händen fassen. Und noch ehe sich der Kirchendiener von seiner Verblüffung erholt hat, ruft der Ältere zum Kreuz über dem Altar hinauf: »Lieber Gott der Reichen, schenk uns reiche Eltern, solche, die in El Sol wohnen! Denn wir hatten nur eine Mutter, die ist tot. Bitte! Wir schenken dir dafür alles, was wir hier im Sack haben. Es war ein guter Tag, wir haben heute morgen viel gefunden. Wir haben noch nichts davon gegessen, damit du siehst, daß es uns ernst ist.«

Und er läuft die Stufen empor, reckt sich und schwingt seinen Sack vom Rücken auf den Altar. »Daß du's nur weißt«, fügt er hinzu, »wir haben heute überhaupt noch nichts gegessen!« – Ein paar Damen in den ersten Reihen schreien erschrocken auf. Die Ministranten weichen zurück, der Priester hört auf vorzulesen und starrt verstört den schmutzigen Sack an, der vor ihm auf dem Altar liegt, auf der schneeweißen gestickten Decke, zwischen Liliensträußen und Kerzen.

In diesem Augenblick hat der Kirchendiener den Jungen erreicht, hält ihm den Mund zu, zerrt ihn von den Stufen herunter und schiebt ihn vor sich her durch den langen Mittelgang bis zum Portal. Der

kleine Bruder stolpert den beiden nach und schluchzt: »Lieber Gott der Reichen, hilf uns doch!«
Er schreit es immer lauter, je näher sie dem Portal kommen. Der Ältere wehrt sich, er beißt dem Kirchendiener sogar in die Finger. Aber es hilft alles nichts, der Kirchendiener ist stärker. Der Jüngere schreit und schreit. Seine Tränen fließen ihm über die schmutzigen Wangen, seine Nase läuft. Aber er hat ja kein Taschentuch.
Kurz vor dem Portal reißt der Ältere die Hand des Kirchendieners von seinem Mund und ruft: »Er ist ja heute wieder nicht da! Pablito, hör auf zu schreien, er ist nicht da!« Die Leute in den Bänken starren die Kinder an. Sie sind zornig. Was für ein Spektakel in der Kirche, was für eine lästige und peinliche Störung der heiligen Messe! Der Priester schweigt noch immer und wartet. Er runzelt seine Stirn.
Aber nun ist es dem Kirchendiener endlich gelungen, die beiden Störenfriede hinauszuschieben und die Kirchenstufen hinunterzuscheuchen, Gott sei Dank. Er schließt das Portal. Jetzt sind sie wieder unter sich, die Reichen. Nach dem Gottesdienst beschließen sie, daß künftig ein Wächter am Portal stehen soll, der Bettelkinder gar nicht erst hereinläßt. Überhaupt keine Armen. – *Stille* –

Gudrun Pausewang

Weiterführung

Millionen Augen, nicht nur aus Südamerika, schauen uns an und fragen: Leben in Europa Christen, die mit der guten Nachricht von Gott ernst machen?

2. Zwischenbericht
(1 Kor 13,13: 4. So. i. J., Lesejahr C)

Hinführung

In den Tagen des Advent dreht sich das Rad der Hektik und Eile für uns noch etwas schneller als sonst. Und mitten in dem Rummel sind wir oft unzufrieden bis in unser Innerstes. Wir überlegen, mit welchem Geschenk kann ich den anderen noch erfreuen?
Vielleicht sind wir deshalb unzufrieden, weil wir die wesentlichen Geschenke aus den Augen verlieren. Darum möchte ich Ihnen eine Geschichte vorlesen, die zeigt, welche Geschenke wichtig sind. Sie

dürfen bei diesem Bericht viel nachdenken und ruhig mit den Gedanken abschweifen. Es ist keine erfundene Geschichte. Es handelt sich um ein achtzehnjähriges Mädchen nach einem Autounfall.

Geschichte

Heute hat sie zum ersten Mal wieder die Augen aufgemacht. Seit vierzehn Tagen liegt sie nicht mehr auf der Intensivstation. Jeden Mittag, zur Besuchszeit, sitzen wir an ihrem Bett. Heute hat sie uns angeschaut, sie hat uns nicht gesehen. Ihr Blick geht geradeaus, durch alles hindurch. Er ist glanzlos.
Dann macht sie die Augen wieder zu. Sie macht jetzt öfter die Augen auf. Sie zwinkert mit den Lidern. Der übrige Körper bleibt reglos.
Heute hat sie versucht, die Augäpfel zu bewegen und mit beiden Augen in unsere Richtung zu schauen. Wir sind rechts von ihr gesessen.
Sie setzt die Versuche mit den Augäpfeln fort. Sie liegt auf dem Rücken. Wir sitzen immer an ihrer rechten Seite.
Heute ist es ihr gelungen. Sie hat mit beiden Augen nach rechts geschaut. Ihr Blick hat uns erreicht.
Wir wissen nicht, ob sie uns erkennt. Wir werden jetzt links von ihr sitzen.
Sie hört uns. Sie schaut uns auch links an. Ihr Schauen ist nicht mehr ganz so glanzlos.
Wir gehen um ihr Bett – von der rechten Seite auf die linke und umgekehrt. Ihre Augen können uns folgen.
Wir haben Blumen gebracht. Sie schaut auf den bunten Strauß, den wir ihr zeigen. Greifen danach kann sie nicht.
Heute hat sie Brei geschluckt. Wenn man mit dem Löffel ihre Lippen berührt, öffnet sie den Mund ein klein wenig. Sie läßt sich den Löffel zwischen die Zähne schieben. Wir ziehen den Löffel zurück – der Mund schließt sich wieder. Ein Großteil des Breies tritt über die Lippen. Die Bewegung an ihrem Hals zeigt, daß sie zu schlucken versucht.
Das Wache im Blick steigert sich langsam. Sie hält ihre Augen zeitweise offen. Sie folgt mit dem Blick der Bewegung. Sie folgt mit den Augen Geräuschen. Sie sieht, und sie hört.
Wir wissen nicht, ob sie versteht. Wir beginnen trotzdem, zu ihr zu reden. Zusammenhanglose Wörter, Sätze – Geschichten.

Dann fangen wir an zu erzählen, wie alles gekommen ist: Erinnere dich, bitte,versuch, dich zu erinnern. Du mußt dich genau erinnern. Es war im Frühling, im April. Du hattest Geburtstag. Es war dein neunzehnter Geburtstag, der achtzehnte April.
Wir sind fürs Wochenende nach Wien gefahren. Mit unserem Auto. Dein Freund, du und ich.
Da macht sie die Augen zu.
Funkstille.
Sie kann nicht mehr.
Oder will sie nicht mehr?
Wir geben nicht nach. Wir fangen das nächste Mal von vorn an. Aber sobald man das Auto erwähnt, schaltet sie ab.
Das wiederholt sich mehrere Male.
Wir glauben, daß sie versteht. Wir werden das Auto aus der Geschichte weglassen. – Wir werden den Unfall aus der Geschichte weglassen. Wir werden den Schmerz aus der Geschichte weglassen. Wir werden einfacher sein.
Erinnere dich – wir waren in Wien, im Theater. Ein modernes Stück. Es hieß »Der Haushalt oder Die Sandhasen«. Komisch, nicht wahr? Wir haben über den Titel gelacht. Weißt du, was ein Hase ist? Da macht sie die Augen zu und gleich wieder auf.
Will sie auf diese Art »ja« sagen? Wir werden jetzt fragen. Wenn du mit »ja« antworten willst, mach deine Augen zu und gleich wieder auf. Wir fragen dich: Kannst du verstehen?
Sie macht die Augen zu und gleich wieder auf. Sie versteht. –
Sie wird jetzt immer mit Brei gefüttert. Wir brauchen viel Zeit dazu. Sie bekommt den Mund immer leichter und weiter auf. Sie lernt wieder schlucken.
Immer wieder erzählen wir von unserer Reise. Immer neue Einzelheiten. Sie erinnert sich. Sie kann durch Schließen und Öffnen der Augen »ja« sagen.
Vom Unfall will sie immer noch nichts hören.
Hörst du? Auf der Rückfahrt von Wien bist du eingeschlafen. Du hast *lange* geschlafen, jetzt ist es Herbst. Damals war Frühling. Es wird Zeit, daß du aufwachst. Du bist schon auf dem Weg. Es ist Herbst. Du mußt schauen, wie sich die Blätter färben. Du mußt schauen, wie der Wind die Wolken jagt. Du mußt weiterleben, wach auf!
Sie hört zu und schaut uns groß an.
Sie hat die Finger bewegt, als ob sie die Hand geben wollte. Die Verkrampfung beginnt sich zu lösen. –

Sie muß jetzt die Lippen bewegen lernen. Wir beginnen zu üben. Wir sprechen dir vor: mmmmmmm. Sprich nach, versuch es!

Sie schaut uns auf den Mund.

Schau: mmmmm, hör zu: mmmmm. Immer wieder: mmmmm. Vergeblich.

Wir üben wieder. Wieder und wieder.

Und einmal gelingt es. Zögernd sagt sie: mmmmm. Dann ist sie müde. Wir üben weiter. Wir sprechen gemeinsam: mmmmm. Wir sagen: mmmmm, sie antwortet: mmmmm.

Wir sind sehr aufgeregt. Wir freuen uns, daß es ihr leichtfällt.

Wir brummen uns gegenseitig an.

Sie verzieht ihr Gesicht. Wir glauben, sie wollte lächeln.

Der nächste Schritt: aaaaa. Aus dem: mmmmmaaaaa. Es geht nicht. Wir denken nach. Sie muß den Mund aufmachen, um aaaa zu sagen. Wenn man sie mit dem Löffel füttert, öffnet sie den Mund.

Während sie mmmmm übt, halten wir einen Löffel an ihre Lippen. Sie sagt mmmmmaa.

Wir sind glücklich.

Wir üben mmmmmaaaaa.

Sie kann mit »ja« antworten, indem sie die Augen schließt und gleich wieder öffnet.

Wir versuchen, statt mmmmmaaaaa »ja« sagen.

Manchmal bewegt sie den Kopf ein wenig zur Seite. Das könnte nein heißen.

Wir üben. Es klappt überraschend schnell. Auf Nein-Fragen bewegt sie den Kopf ein wenig zur Seite. Auf Ja-Fragen schließt sie die Augen ganz kurz – manchmal brummt sie auch »ja«.

Wir unterhalten uns schon sehr gut miteinander. Unsere Besuche sind immer länger.

Anfang November wird sie in ein Rehabilitationszentrum nach Wien verlegt. Man testet sie. Nach drei Wochen steht das Urteil der Ärzte fest: Pflegefall. Hoffnungslos. Einweisung in eine geschlossene Anstalt.

Während der drei Wochen war sie unansprechbar. Sie hat die Nahrungsaufnahme verweigert. Sie mußte künstlich ernährt werden. Man hatte nicht die Zeit, sie zu füttern. In Wien hat auch niemand mit ihr geredet.

Sie kommt wieder nach Graz. Sie kommt *nicht* in die geschlossene Anstalt. Sie kommt nach Hause. Sie lernt wieder schlucken.

Sie lernt wieder mmmmm und aaaaa sagen. Sie lernt wieder ja und nein deuten. Sie lernt wieder lächeln.

Wir fragen sie: Ist dieser Apfel rot? Sie schließt kurz die Augen: ja.

Wir fragen sie: Ist dieser Apfel blau? Sie bewegt den Kopf leicht zur Seite: nein.

Wir fragen sie: Ist dieses Band blau? Sie schaut auf das blaue Band. Dann bewegt sie auf einmal die Lippen und sagt ganz deutlich: blau.

Blau. Sie hat blau gesagt! Blau!

Sie wird wieder mit uns reden können! – *Stille* –

Hertha Heidinger

Weiterführung

Erst wer wieder die wesentlichen Geschenke des Lebens erkennt, bekommt auch den Blick dafür: Das Kind in der Krippe will uns bis in die Seele heilen. Üben wir noch diese Sprachversuche?

3. Der Brief des alten Vaters
(Röm 13,11–14: 1. Adventssonntag, Lesejahr A; Lk 21, 34–36: 1. Adventssonntag, Lesejahr C)

Hinführung

In anderen Kulturen werden alte Menschen mehr geschätzt als bei uns. Die Weisheit des Alters, der Blick für das Wesentliche könnten auch uns manche Sackgassen ersparen.

Wir hören aus einem Brief, den ein alter Mann seiner Tochter zum Advent schrieb. Wer guten Willens ist, kann einiges überhören – sich aber auch einiges sagen lassen.

Geschichte

Mein liebes Kind,
ich bin ein alter Mann, der schon am Rande der Welt steht und ein wenig über ihre Wichtigtuerei und Torheit lächelt. Ich greife nicht mehr gern in das Leben der Jungen ein, weil ich weiß, daß Ihr jungen Leute das nicht so sehr mögt. Aber Du bist mein Kind! Dir muß ich noch einen Brief schreiben.

Meine liebe Marion, Du mußt lernen, Advent zu feiern! Es ist nicht damit getan, daß wir schnell eine Kerze anzünden, um sie dann wieder auszublasen.

Wir müssen lernen, still zu sein, denn dann können wir zu uns selbst und vor allem zu Gott finden. Wenn wir dazu in der Adventszeit nicht kommen, dann lernen wir es nie, richtig Weihnachten zu feiern.

So wie es bei Euch im vergangenen Jahr war, darf es jedenfalls nicht mehr werden.

Weißt Du noch, wie es war? Du hast wochenlang vor dem Fest hektisch gearbeitet. Die Kinder wurden in den Kindergarten gebracht; für Deinen Mann hattest Du keine Zeit, wenn er abends nach Hause kam. Er machte sich sein Essen warm und ging dann wieder fort, um in seinem Verein für die Weihnachtsfeier zu üben. Dann brachtest Du die Kinder zu Bett, alles in Eile und ohne rechte Liebe. Du hast geputzt, gewaschen und gebügelt; ständig plärrte das Radio. Dann gingst Du ins Bett. Das war Eure Adventszeit.

Sonntags habt Ihr daheim gearbeitet. Ihr machtet unzählige Geschenkpäckchen; dann seid Ihr ausgegangen. Die Kinder waren meist allein. Ich schätze, Ihr habt den Freunden und Verwandten viele Geschenke gemacht. Aber ist das der Sinn der Sache? Habt Ihr nie bedacht, wer das alles bezahlt? – Eure Kinder und – verzeiht einem alten Mann das Wort – Eure Seelen.

Stolz zeigtet Ihr dann, was Ihr Euch »geschenkt« hattet, als ich am Heiligen Abend zu Euch kam: die Stereoanlage, die Anzüge und Kleider. Nun gut, manches muß sein, aber ist das alles, was Euch Weihnachten bedeutet? Ihr habt kein einziges Mal in der Bibel gelesen, habt Euch nicht einmal gedanklich auf das große Fest einstimmen lassen, nicht ein einziges Lied habt Ihr gesungen. Dafür sangen Schallplatten für Euch, und gebetet hat der Pfarrer im Fernsehen.

Ich sagte damals zu alledem nichts. Ich dachte nur immer: »Täusche ich mich, oder ist es wahr? Draußen haben sie alles, aber innen haben sie nichts.« *(Diesen Satz wiederholen:)* Draußen haben sie alles, aber innen haben sie nichts.

Sieh, mein Kind, ich mußte auch erst den Tingeltangel, den die Menschen um die Adventszeit machen, Stück für Stück loswerden, bevor ich lernte, zu feiern und glücklich zu sein. Ich schreibe Dir heute, weil ich gern möchte, daß Du auch glücklich wirst. Aber dazu mußt Du ein paar Entscheidungen treffen und mußt einige Dinge wieder in die Mitte des Lebens rücken.

Bitte, hör auf einen alten Mann: Arbeite nicht so viel! Ihr habt genug zum Leben. Gib die Kinder nicht mehr so oft aus der Hand, Du verlierst sie sonst ganz! Die Hauptsache, Du gewinnst Zeit für Deine Kinder, für Deinen Mann und – für Gott! Ich glaube daran, daß Jesus eines Tages wiederkommen wird. Was hast Du dann, wenn Du all die vielen Dinge besitzt, und hast Christus nicht?

Vielleicht verstehst Du mich. Vielleicht denkst Du aber auch, ich sei eben ein alter Mann. Das bin ich ja auch gern. Aber nimm mir das eine wenigstens ab, daß man unterscheiden muß zwischen dem Glück und dem Schein. *(Auch diese Aussage wiederholen:)* ... daß man unterscheiden muß zwischen dem Glück und dem Schein. Das wünsche ich Euch zum Advent und an Weihnachten.

Dein Vater

Weiterführung

Und das wünsche ich uns allen!

Weitere Geschichten, die sich für die Adventszeit eignen:
1. Das Bild der tausend Wünsche (s. in diesem Buch: Geschichten als Predigten für Kinder, Advent, Nr. 1, S. 73).
2. Das Kind mit den großen Händen (s. in diesem Buch: Geschichten als Predigten für Kinder, Fastenzeit, S. 86).
3. Die Geschichte vom Wunsch aller Wünsche (Michael Ende, in: Die Stadt der Kinder. Hrsg. v. Hans-Joachim Gelberg, Georg Bitter Verlag, Recklinghausen 1969).

Weihnachten / Erscheinung des Herrn

1. Vom Engel, der nicht mitsingen wollte
(Lk 2,1–12: Weihnachten; in der Heiligen Nacht)

Hinführung

Nicht alle sind »hochgemuten« Herzens am heutigen Weihnachtsfest in die Kirche gekommen. Ihnen war aus mancherlei Gründen nicht zum Jubeln zumute. Diesen Mitchristen – mitten unter uns – möchte ich zum Trost folgende Geschichte vorlesen:

Geschichte

Als die Menge der himmlischen Heerscharen über den Feldern von Betlehem jubelte:
»Ehre sei Gott in den Höhen
und Friede auf Erden unter den Menschen«,
hörte ein kleiner Engel plötzlich zu singen auf. Obwohl er im unendlichen Chor nur eine kleine Stimme war, machte sich sein Schweigen doch bemerkbar. Engel singen in geschlossenen Reihen, da fällt jede Lücke sogleich auf. Die Sänger neben ihm stutzten und setzten ebenfalls aus. Das Schweigen pflanzte sich rasch fort und hätte beinahe den ganzen Chor ins Wanken gebracht, wenn nicht einige unbeirrbare Großengel mit kräftigem Anschwellen der Stimmen den Zusammenbruch des Gesanges verhindert hätten.
Einer von ihnen ging dem gefährlichen Schweigen nach. Mit bewährtem Kopfnicken ordnete er das weitere Singen in der Umgebung und wandte sich dem kleinen Engel zu.
»Warum willst du nicht singen?« fragte er ihn streng.
Er antwortete: »Ich wollte ja singen. Ich habe meinen Part gesungen bis zum ›Ehre sei Gott in den Höhen‹. Aber als dann das mit dem ›Frieden auf Erden unter den Menschen‹ kam, konnte ich nicht mehr weiter mitsingen. Auf einmal sah ich die vielen römischen Soldaten in diesem Land und in allen Ländern. Immer und überall verbreiten sie Krieg und Schrecken, bringen Junge und Alte um und nennen das römischen Frieden. Und auch wo keine Soldaten sind, herrschen Streit und Gewalt, fliegen Fäuste und böse Worte zwischen den Menschen und regiert die Bitterkeit gegen Andersdenkende. Sogar dieses Paar mit dem neugeborenen Kind mußte wegen der Militärsteuer nach Betlehem ziehen, und wer weiß, was die Menschen mit diesem Kind machen werden!«
»Weißt denn du es?« unterbrach ihn der Großengel.
»Nein, ich weiß es nicht und kann es nicht voraussehen«, erwiderte der Kleine. »Aber das, was ich sehe, genügt mir. Es ist nicht wahr, daß auf Erden Friede unter den Menschen ist, und ich singe nicht gegen meine Überzeugung!« Und er zeigte ein trotziges Gesicht.
Einige seiner jüngeren Nachbarn, die genauso dachten, riefen laut Beifall.

»Schweigt! – vielmehr: singt!« rief der große Engel ihnen zu und nahm den jungen Rebellen zur Seite.

Dort sprach er zu ihm: »Du willst also wissen, was Friede ist? Du läßt zu, daß ein friedloser Gedanke durch dein Gemüt zieht, und steckst andere mit deiner Unruhe an? Du brichst die Harmonie unseres Gotteslobes und störst die Einheit der *himmlischen* Welt, weil dir der Unfriede der *menschlichen* Welt zu schaffen macht? Du verstehst nicht, was in dieser Nacht in Betlehem geschehen ist, und willst die Not der ganzen Welt verstehen?«

Der kleine Engel verteidigte sich: »Ich behaupte nicht, alles zu verstehen. Aber ich merke doch den Unterschied zwischen dem, was wir singen, und dem, was auf Erden ist. Er ist für mein Empfinden zu groß, und *ich* halte diese Spannung nicht länger aus.«

Der große Engel schaute ihn lange schweigend an. Er sah wie abwesend aus. Es war, als ob er auf eine höhere Weisung lauschen würde. Dann nickte er und begann zu reden:

»Gut. Du leidest am Zwiespalt zwischen Himmel und Erde, zwischen der Höhe und der Tiefe. So wisse denn, daß in dieser Nacht eben dieser Zwiespalt überbrückt wurde. Dieses Kind, das geboren wurde und um dessen Zukunft du dir Sorgen machst, soll unseren Frieden in die Welt bringen. Gott gibt in dieser Nacht seinen Frieden allen und will auch den Streit der Menschen gegen ihn beenden. Deshalb singen wir, auch wenn die Menschen dieses Geheimnis mit all seinen Auswirkungen noch nicht hören und verstehen. Wir übertönen mit unserem Gesang nicht den Zwiespalt, wie du meinst. Wir singen das neue Lied.«

Der kleine Engel rief: »Wenn es so ist, singe ich gerne weiter.«

Der Große schüttelte den Kopf und sprach: »Du wirst nicht mitsingen. Du wirst einen anderen Dienst übernehmen. Du wirst nicht mit uns in die Höhe zurückkehren. Du wirst von heute an den Frieden Gottes und dieses Kindes zu den Menschen tragen. Tag und Nacht wirst du unterwegs sein. Du sollst an ihre Häuser pochen und ihnen die Sehnsucht nach ihm in die Herzen legen. Du mußt bei ihren trotzigen und langwierigen Verhandlungen dabeisein und mitten ins Gewirr der Meinungen und Drohungen deinen Gedanken fallen lassen. Du mußt ihre heuchlerischen Worte aufdecken und die anderen gegen die falschen Töne mißtrauisch machen, damit die wahre Meinung zum Vorschein kommt und sie erschrecken. Sie werden dir die Türe weisen, aber du wirst auf den Schwellen sitzen bleiben und hartnäckig warten. Du mußt die Unschuldigen unter deine Flügel nehmen und ihr Geschrei an uns weiterleiten. Du wirst nichts zu singen haben, du wirst viel zu weinen und zu klagen haben.«

Der kleine Engel war unter diesen Worten zuerst noch kleiner, dann aber größer und größer geworden, ohne daß er es selber merkte. Er wollte sich gegen diese schwere Aufgabe auflehnen, aber der andere Engel sagte:

»Du hast es so gewollt. Du liebst die Wahrheit mehr als das Gotteslob. Dieses Merkmal deines Wesens wird nun zu deinem Auftrag. Und nun geh. Unser Gesang wird dich begleiten, damit du nie vergißt, daß der Friede in dieser Nacht zur Welt gekommen ist.«

Während er noch redete, brach er von einer Palme einen Zweig und hauchte darauf. Und er sprach: »Nimm diesen Zweig mit dir. Er bewahrt den Geruch des Himmels und wird dich in den menschlichen Dünsten stärken.« Dann ging er an seinen Platz im himmlischen Chor zurück und sang weiter.

Der Engel des Friedens aber setzte seinen Fuß auf die Felder von Betlehem. Er wanderte mit den Hirten zu dem Kind in der Krippe und öffnete ihnen die Herzen, daß sie verstanden, was sie sahen. Dann ging er in die weite Welt und begann zu wirken. Angefochten und immer neu verwundet tut er seither seinen Dienst und sorgt dafür, daß die Sehnsucht nach dem Frieden nie mehr verschwindet, sondern wächst, Menschen beunruhigt und dazu antreibt, Frieden zu suchen und zu schaffen. Wer sich diesem Engel öffnet und ihm hilft, hört plötzlich wie von fern einen Gesang, der ihn ermutigt, das Werk des Friedens unter den Menschen weiterzuführen. – *Stille* –

Werner Reiser

Weiterführung

Sind Sie schon so einem Engel begegnet? Es gibt sie, mitten unter uns! Und wenn nicht: Kann nicht jeder von uns versuchen, solch ein Engel zu sein?

2. Die drei Gaben
(Mt 2,1–12: Erscheinung des Herrn)

Hinführung

Der Glanz von Gold, Weihrauch und Myrrhe – die Gaben der Sterndeuter – passen eigentlich gar nicht in einen Stall. Dazu gibt es eine

Geschichte, die uns die Augen für das Kind in der armseligen Krippe öffnen kann.

Geschichte

Kaum hatten die drei vornehmen Gäste aus dem Morgenland, die gekommen waren anzubeten und dem Kind ihre Gaben zu bringen, auf höheren Befehl Betlehem verlassen, nahten sich drei andere Gestalten. Sie kamen ohne Gefolge, unauffällig und unansehnlich. Ihr Gang war schleppend, mühsam setzten sie Schritt vor Schritt. Ihre müden Gesichter waren so sehr vom Staub bedeckt, daß man ihre Farbe kaum erkennen konnte. Waren sie gelb, braun, schwarz oder weiß?
Der erste von ihnen ging in Lumpen einher und schaute hungrig und durstig umher. Hohle Augen, die zu viel Leid gesehen hatten, saßen in den tiefen Höhlen.
Der zweite ging vornüber geneigt. Er trug an den Händen Ketten. Vom langen Tragen und von der weiten Reise war er wund gescheuert an Händen und Füßen.
Der dritte hatte wirre Haare, verzweifelte Augen und einen unsteten und suchenden Blick, als ob er nach etwas Verlorenem Ausschau hielte.
Die Leute, die um das Haus des Neugeborenen herumstanden, waren schon vielerlei Besucher gewohnt. Dennoch wichen sie scheu zurück, als sie diese drei Gestalten sich nahen sahen. Sie waren zwar selber lauter arme, unvermögende Leute – aber so elend und verwahrlost wie sie sah doch keiner von ihnen aus. Sie rückten scheu und unwillig zusammen und schienen beinahe einen Gürtel um das Haus zu legen, um die Drei am Eintritt zu hindern.
Auch sahen sie, daß sie nichts bei sich trugen, das sie als Gabe hätten abgeben können. Waren sie etwa gekommen, um etwas zu holen? Mancher dachte an das Gold, das von den eben Weggezogenen im Haus niedergelegt worden war. Jeder hatte davon erzählen hören. Hatten vielleicht auch diese etwas vom Geld vernommen? Immer stärkeres Gemurmel erhob sich gegen die seltsamen Ankömmlinge.
Da wurde von innen die Türe geöffnet. Josef trat heraus. Einige riefen ihm empört zu, daß schlechtes Gesindel zum Kind kommen möchte, was er doch gewiß nicht zulassen könne. Er beschwichtigte sie und sprach: »Zu diesem Kind hat jedermann Zutritt – arm oder

reich, elend oder vornehm, anständig oder verdächtig. Es gehört niemandem allein. Nicht einmal uns, seinen Eltern. Laßt sie herein!« Verwundert über die Worte Josefs bahnte man den Dreien eine schmale Gasse. Er führte sie hinein. Die Türe blieb offen. Wer konnte, drängte sich hinzu, um die seltsame Begegnung von nahem mitzuerleben. Einigen wenigen wurde bewußt, daß sie vor kurzem ebenso armselig vor das Kind getreten waren.

Nun standen die Drei vor der Krippe und betrachteten lange und stumm das Kind. Bei diesem Anblick wußte keiner mehr, wer ärmer war: das Kind auf dem Strohlager oder seine Betrachter. Alle schienen in dieselbe Niedrigkeit eingetaucht und eingeschmolzen zu sein – der in den Lumpen, der mit der Kette, der mit dem traurigen Blick und das Kind.

Da brach Josef das Schweigen. Er fühlte, daß er der am reichsten Beschenkte war, und es drängte ihn, seinen großen Dank für das Empfangene nun auch diese Armseligen spüren zu lassen. In einer Nische der Wand neben der Krippe leuchteten die drei Gaben, welche die vornehmen Besucher hingelegt hatten. Er hob sie auf und streckte sie den Fremden entgegen: dem Zerlumpten das Gold, dem Gefesselten die Myrrhensalbe und dem Traurigen den Weihrauch.

Und er sprach zum ersten: »So wie ich es ansehe, bedarfst du am ehesten des Goldes. Kaufe dir damit Nahrung und Kleider. Ich habe einen Beruf und werde meine Familie auch ohne Gold ernähren können.«

Und zum zweiten sprach er: »Ich kann dir zwar deine Ketten nicht abnehmen, aber siehe, diese Salbe wird deinen geschundenen Händen und Füßen wohltun.«

Und zum dritten sprach er: »Nimm diesen Weihrauch. Sein Wohlgeruch wird deine Trauer zwar nicht vertreiben, aber veredeln und deine Seele erquicken.«

Alles geriet in Bewegung. »Er verschenkt alles, was er an Kostbarem für das Kind erhalten hat!« flüsterten sich alle zu und konnten angesichts der drei Elenden solche Sorglosigkeit fast nicht verstehen. Grenzte diese Verschwendung nicht an Beraubung des Kindes? Doch die Drei schüttelten einmütig Hände und Köpfe.

Der erste antwortete: »Ich danke dir für dein großes Angebot. Aber sieh mich an! Wer bei mir Gold findet, wird mich sogleich als Dieb verdächtigen. Ich habe für andere Gold aus der Erde gegraben und selber nie besessen. Behalte es für dein Kind. Du wirst es bald brauchen können, und dir wird man es ohne Mißtrauen abnehmen.«

Der zweite antwortete: »Ich habe mich an meine Wunden gewöhnt. Ich bin an ihnen zäh und stark geworden. Behalte die Myrrhe für dein Kind. Wenn es geschundene Hände und Füße haben wird, kann sie ihm helfen.«

Der dritte antwortete: »Ich komme aus der Welt der Religionen und Philosophien. Ich bin an ihnen irre geworden. Ich glaube nichts mehr. In der Wüste des Denkens habe ich Gott verloren. Was soll mir da der Weihrauch? Er würde nur meine Zweifel umnebeln. In seinem blauen religiösen Dunst würde er mir nur leere Bilder vorgaukeln. Aber er könnte mir Gott nicht ersetzen.«

Alle entsetzten sich über diese Worte und über die Rückweisung der Geschenke. Auch Maria und Josef bedeckten ihre Gesichter mit den Händen. Nur das Kind lag da mit offenen Augen. Die Drei traten ganz nahe zu ihm hin und sprachen: »Du bist nicht aus der Welt des Goldes, der Myrrhe und des Weihrauchs – so wenig als wir. Du gehörst in unsere Welt der Not, der Plage und des Zweifels. Darum bringen wir dir dar, was uns und dir gemeinsam ist.«

Der erste nahm einige seiner Lumpen und legte sie auf das Stroh. Und er sprach: »Nimm meine Lumpen. Du wirst sie einst tragen, wenn sie dir deine Kleider nehmen und du allein und nackt sein wirst. Gedenke dann meiner.«

Der zweite nahm eine seiner Ketten und legte sie ihm neben die Hand. »Nimm meine Fesseln. Sie werden dir passen, wenn du älter sein wirst. Man wird sie dir einst umlegen, wenn man dich wegführt. Denke dann an mich.«

Der dritte beugte sich tief über das Kind und sprach: »Nimm meinen Zweifel und meine Gottverlassenheit. Ich habe sonst nichts. Ich kann sie allein nicht tragen. Sie sind mir zu schwer. Teile sie mit mir. Nimm sie ganz in dich auf, schreie sie aus, und trage sie vor Gott hin, wenn du soweit sein wirst.«

Tief erschrocken hielt Maria die Hände abwehrend über das Kind. Lautes Gemurmel drang durch das Haus und durch die Türe: »Jagt sie fort! Sie legen einen Fluch auf das Kind!« Josef griff in die Krippe, um Lumpen und Fesseln von ihm wegzunehmen. Aber sie ließen sich nicht aufheben. Es war, als ob sie mit dem Kind verwachsen wären. Das Kind aber lag da, mit offenen Augen und Ohren zu den drei Männern hingewendet.

Nach langem Schweigen erhoben sie sich. Sie streckten sich aus, als ob etwas Schweres von ihnen gefallen wäre. Sie hatten den Ort

gefunden, wo sie ihre Last hatten niederlegen können. Sie wußten, daß bei diesem Kind alles in treuen Händen bewahrt und bis zuletzt durchgehalten würde: die Not, die Plage und die Gottverlassenheit. Mit zuversichtlichem Blick und festem Schritt traten sie aus dem Haus, hinaus in ihr begrenztes und mitgetragenes Elend. – *Stille* –
Werner Reiser

Weiterführung

Wer das Kind in der Krippe verstanden hat, der darf ihm voll Vertrauen auch alle Not, alle Ketten und alle Gottverlassenheit in die Hände legen – und geht leichter und hoffnungsvoller weiter.

Familiensonntag

1. Ich bin der Vater!

Hinführung

»Umweltschutz für jede Schnecke. Doch der Mensch bleibt auf der Strecke!« So heißt ein Slogan. Und da ist etwas dran: Millionen Menschen kämpfen für den Schutz kranker Wälder und Meere; starke Tierschutzverbände setzen sich für wehrlose und gefährdete Tiere ein, aber jährlich werden in der Bundesrepublik Deutschland mindestens 200.000 wehrlose Kinder im Mutterleib abgetrieben. Wer Gift in einen Bach leitet und dabei Fische tötet, wird zu Recht hart bestraft. Wer aber ein ungeborenes Kind tötet, hat in der Regel nichts zu befürchten. Doppelte Moral! Bevor wir aber allzuleicht verurteilen, hören wir zu diesem Problemkreis eine Geschichte, die uns anschaulich zeigt, in welche Zwänge dabei Menschen geraten können. – Ein junger Vater erzählt:

Geschichte

Acht Jahre lang war ich rundherum glücklich. Ich lebte mit meiner Freundin Ilse zusammen. Wir hatten eine schöne Wohnung, ein flottes Auto und beide einen gutbezahlten Job. Wir konnten uns

26

einiges leisten und waren auch glücklich darüber. Verheiratet waren wir nicht.

Ich war immer der Auffassung, daß zwei Menschen, die sich gern haben, auch ohne Trauschein glücklich werden können. Ilse war da nicht ganz meiner Ansicht, aber im Laufe der Jahre hat sie sich gefügt.

Eines Abends begann ich ein Gespräch über unsere Urlaubsreise. Ich hatte da nämlich eine besondere Überraschung auf Lager.

»Was wäre mit Kenia?« Ich fragte das so ganz nebenbei. Der von mir erwartete Freudenschrei blieb aus.

»Ich werde nicht nach Kenia reisen können«, sagte Ilse, »ich bin schwanger«.

Ich brauchte eine Weile, bis ich mich gefaßt hatte. »Na und? Das ist doch heute keine Sache mehr! Du meldest dich irgendwo an, und in zehn Minuten ist die Sache ausgestanden. Geld spielt dabei keine Rolle!«

In Ilses Gesicht war plötzlich ein Ausdruck wilder Entschlossenheit. »Nein«, sagte sie, »Geld spielt wirklich keine Rolle. Für dich nicht und für mich nicht. Und ich werde mich nirgendwo anmelden und die ›Sache in zehn Minuten durchstehen‹. Ich werde das Kind bekommen.«

Ich sah in diesen Augenblicken nur das mühsam erbaute Gebäude meiner wirtschaftlichen Sicherheit wanken.

»Dann mußt du es alleine bekommen«, hörte ich mich sagen, und »ich spiele da nicht mit«.

Ilse stand wortlos auf, holte einen Koffer und stopfte ein paar Kleidungsstücke hinein. Sie zog ihren Mantel an und reichte mir die Hand. Unser »schlampiges Verhältnis« hatte auch Vorteile, wie man sieht. Man braucht keinen Anwalt und keinen Richter. Man gibt sich die Hand und sagt adieu.

Ich habe Ilse gehen lassen. Vielleicht auch, weil ich wußte, daß sie nur zwei Straßen weiter zu ihrer Mutter gehen würde und ich sie nicht ganz aus den Augen verlieren mußte. Ich war sicher, daß ich sie noch umstimmen konnte.

Ich konnte nicht.

Manchmal in den folgenden Monaten sah ich sie. Sah, wie sich ihr Leib unter der weiten Kleidung wölbte, sah ihr schmales Gesicht mit den großen, dunklen Augen. Sie strahlte eine sonderbare Ruhe aus, einen inneren Frieden. Einmal beobachtete ich sie, wie sie vor einem Schaufenster stand und plötzlich die Hand auf den Bauch legte und lächelte.

Ich stornierte meine gebuchte Keniareise.

Ich schlich um Ilses Wohnhaus, beobachtete sie heimlich.

An einem Nachmittag saß sie in einer kleinen Konditorei, nur zwei Tische von mir entfernt. Sie sah mich nicht, war blasser als sonst und stocherte lustlos in einem Stück Torte. Plötzlich krümmte sie sich zusammen, drückte beide Hände gegen den Bauch. Die Tortengabel fiel klirrend vom Tisch. Die Serviererin rannte hin zu ihr. »Ist Ihnen schlecht?« Ilse richtete sich mühsam auf. »Das Baby kommt. Bitte, helfen Sie mir, rufen Sie die Rettung.«

Ich stieß meinen Sessel so heftig zurück, daß er polternd umfiel. Dann schob ich die Leute weg. »Gehen Sie weg, machen Sie Platz. Ich bin der Vater.« Ilse sah mich an, schob ihre Arme um meinen Hals, und ich trug sie hinaus auf die Straße, wo eben das Rettungsauto vorfuhr.

Der Arzt untersuchte Ilse flüchtig und zuckte die Schultern: »Ob wir das noch bis zum Krankenhaus schaffen?«

Als ich in den Rettungswagen mit einsteigen wollte, hielt mich der Arzt zurück. »Wer sind Sie?«

Wieder hörte ich mich sagen: »Der Vater.«

Was dann auf der Fahrt geschah, kann ich heute gar nicht mehr so genau sagen.

Der Rettungsarzt schob mich beiseite, hantierte mit allerlei Geräten, gab einen Funkspruch durch.

Ilse schrie. Und in ihr Schreien mischte sich ein unsagbar hilfloser Ton, ein Wimmern, ein dünnes Stimmchen. Mein Kind – unser Kind! Der Arzt hielt mir ein Baby entgegen, dick in eine Decke verpackt. Ich sah ein kleines Gesicht, rot und voller Falten, feuchte, dunkle Haare, winzige Fingerchen.

»Ich bin der Vater«, versicherte ich ihm, »ich bin der Vater!«

Der Nebel, der Monate in meinem Hirn genistet hatte, lichtete sich, der Würgeengel, der mir den Hals zugeschnürt hatte, löste seine Finger.

In das Krankenhaus torkelte ich wie betrunken hinter Ilses Tragbahre her.

Mutter und Kind sind wohlauf, hörte ich den Rettungsarzt sagen – aber der Vater braucht ärztliche Hilfe.

Ich weiß, ich habe mich benommen wie eine Witzfigur, aber es macht mir überhaupt nichts aus.

Zu Ilse sagte ich später: »Ich glaube, es würde mir nichts ausmachen, taub zu werden. Den ersten Schrei unseres Kindes habe ich gehört.«

Und Ilse sagte, das wären die schönsten Blumen gewesen, die sie je bekommen hätte. – *Stille* –

Weiterführung

Die Gewissensbisse, die den Vater so lange gepeinigt hatten, quälen und zerstören heute oft genug die Seelen derer, die abgetrieben haben und nicht damit fertig werden – nach vielen Jahren nicht damit fertig werden. Dieses Leid ist dann viel schlimmer als die Notsituation während der Schwangerschaft.
Wir wollen still beten für das Leid um uns herum, das wir nicht bemerken.

Eine ähnlich ergreifende Geschichte, wenn auch mit negativem Ausgang – aber positiver Wirkung – von Theodor Weissenborn, Es ist alles aus, aus: Ders., Das Liebe-Haß-Spiel, Horst Erdmann Verlag, Tübingen 1973, S. 136–142.

2. Brief einer Mutter: An meine ungläubigen Kinder

Hinführung

Warum ist es heute so schwer, Kinder zum Glauben zu erziehen? Warum gelingt das auch oft nicht in Familien, die sich damit aus ehrlicher Überzeugung heraus große Mühe gegeben haben?
So hat auch eine Mutter ihren ungläubigen, erwachsenen Kindern einen Brief geschrieben, der schon zu Hunderttausenden fotokopiert worden ist, weil sich viele Eltern darin wiedergefunden haben.
Ich möchte ihn verkürzt vorlesen:

Geschichte

Die Mutter schreibt: Liebe Söhne, liebe Töchter! (Es sind vier!)
Die Osterferien sind vorbei. Es war schön mit Euch. Trotzdem: Selten wurde uns so bewußt, wie tief allmählich ein gewisser Graben zwischen uns geworden ist, vor allem in den religiösen Fragen. Ist ein solcher Bruch zwischen den Generationen unausweichlich? Welche schönen Osternachtfeiern haben wir früher alle sechs gemeinsam erlebt! Aber diesmal wolltet Ihr »ehrlich« sein. Niemand begleitete

uns am Abend des Karsamstags in die Licht- und Auferstehungsfeier. Keiner von Euch wollte am Sonntag beim festlichen Gottesdienst in unserer Pfarrei dabeisein. Ihr habt fast die ganze Nacht hindurch für Euch »gefeiert« – und am Sonntag bis in den Mittag hinein geschlafen. Vater und ich fragten uns: »Was« habt Ihr denn da gefeiert? Doch nicht das Osterfest? Die »Familie«? Auch das wahrscheinlich nicht, vielleicht eben nur das fröhliche »Wiedersehen«.

Von einem christlichen Glauben kann man wohl bei keinem von Euch mehr sprechen. Ihr habt das ja, wenn auch nur kurz, deutlich erklärt. Immerhin wart Ihr so »mutig«; diesmal uns sozusagen reinen Wein einzuschenken. Eigentlich war das gar nicht nötig, denn Eltern, die ihre Kinder kennen, wissen ziemlich schnell, was mit ihnen los ist.

Doch jetzt, mit dem Abstand von einigen Tagen, habe ich das Bedürfnis, Euch einiges zu sagen und zu fragen. Das erste, worüber in einer solchen Situation Eltern nachdenken, ist natürlich die Frage: Was haben *wir* falsch gemacht? Wo liegt unsere Schuld? Vater und ich haben uns in vielen Gesprächen darüber klar zu werden versucht, was in unserer religiösen Erziehung nicht in Ordnung war. Vielleicht war es ein Fehler, daß wir in bezug auf Glaube und Kirche zu wenig »Druck« auf Euch ausgeübt haben. Natürlich war ein gewisser indirekter Druck immer vorhanden. Aber jeder von Euch wird bestätigen, daß wir von einem bestimmten Zeitpunkt an die unbedingte Freiheit der religiösen Entscheidung unserer Kinder respektierten; daß wir nicht mehr kontrollierten, ob Ihr im Gottesdienst wart usw. Haben wir da in entscheidenden Zeiten vielleicht doch zu wenig nachgefragt, uns zu wenig um Euer religiöses Leben – auch wenn Ihr schon sechzehn oder siebzehn Jahre alt wart – gekümmert? Als der Älteste offen erklärte, er wolle nicht mehr zum Gottesdienst gehen, sahen wir das als eine Übergangskrise an. Wir waren vielleicht doch zu zartfühlend, zu zurückhaltend! Aus Rücksicht auf ihn beteten wir von da an nicht mehr laut vor und nach dem Essen, sondern es wurde nur noch eine kleine stille Zeit gehalten. Da konnte dann jeder denken, »was er wollte«. Habt Ihr da schon aufgehört, wirklich zu beten? Ist Euch schon damals der Glaube verdunstet, wie man heute sagt? Ist durch die mangelnde gemeinsame religiöse Praxis in der Familie das Loch, in das Ihr nun alle gefallen seid, entstanden?

Das zweite, was wir uns fragten: Waren wir bei aller eifrigen kirchlichen Praxis – kein Sonntag ohne heilige Messe – ein *überzeugendes* christliches Vorbild für Euch? Tatsächlich hat es ja manche Krisen in unserer Ehe gegeben, und sie sind Euch sicher nicht verborgen geblieben. Es gab Entfremdung und Schwierigkeiten, sogar das gemeinsame Fundament wackelte ein paar Mal erheblich! Aber Vater und ich haben in dieser Zeit nie die religiöse Gemeinsamkeit aufgegeben. Wir hatten beide die Hoffnung: Solange wir zusammen in die Kirche gehen, wird es weitergehen. In den Zeiten schwerster Probleme haben wir daher nie den Gottesdienstbesuch aufgegeben. Wir können heute sagen: gerade dies hat uns in allen schweren Stunden entscheidend geholfen. Es hat uns immer wieder miteinander versöhnt, zueinander auf den Weg gebracht, auch dann, wenn Worte nicht mehr viel bewirken konnten.

Habt Ihr dies alles vielleicht mißverstanden? Als religiöse *Heuchelei* angesehen? Als Sonntagschristentum?

Habt Ihr wie viele andere Leute gesagt: Seht, da rennen sie jeden Sonntag in die Kirche, aber besser als andere Menschen sind sie auch nicht?

Ja, das ist wahr. Wir sind keine »besseren« Menschen. Es geht im christlichen Glauben auch nicht darum, ein »besserer Mensch« zu sein, sondern in allen – allen! Lebenslagen auf Gott zu vertrauen, sich ihm anheimzustellen, auf Erlösung allein durch ihn zu hoffen. *Er* ist unsere einzige Rettung. Und wir können beide ehrlich sagen: wir haben nie von ihm abgelassen, haben, auch wenn kein Ausweg mehr zu sehen war, auf ihn gehofft. Dieser Glaube ist nicht enttäuscht worden. Es ist eine Tatsache, daß uns Gott immer wieder gerettet hat. Es kann eigentlich nicht sein, daß solche Erfahrungen die wahren Gründe für Eure Abkehr vom Glauben darstellen, jedenfalls dürften sie nicht ausreichen, einem erwachsenen Menschen eine so weittragende negative Lebensentscheidung zu begründen. Welche Götter waren es, die Euch abspenstig gemacht haben? Was ist Euch so wichtig geworden, daß Ihr den Gott Eurer Mutter und Eures Vaters verlassen habt?

(Jetzt fragt die Mutter sich durch: Seid Ihr zu einer Sekte abgewandert oder zu den vielen Zirkeln, die heute aus dem Boden schießen ...? Dann fährt sie fort:) In manchen Aufsätzen liest man von dem Schlagwort: Jesus – ja, Kirche – nein. Tatsächlich habt Ihr schon als Kinder über die »Langeweile« im Gottesdienst geklagt. Der Religionsunterricht war oft ein Streitpunkt im Familienkreis, wenn einer von Euch wieder einmal kein gutes Haar am Religionslehrer ließ. Und dann die allgemeine Kirchenkritik: Papst und Inquisition, die kirchliche Sexualmoral, all die vielen Gesetze und Verbote, der Zölibat und die Frauenfeindlichkeit ... Wir haben Euch nie darüber im unklaren gelassen, daß wir viele dieser Klagen aus tiefer Seele teilen. Die Kirche ist als Institution nicht immer ein angenehmes Gebilde. Man kann viel an ihr aussetzen. Aber: ist dies ein Grund, das Vermächtnis des Herrn, die Feier des Todes und seiner Auferstehung völlig aufzugeben? Nicht mehr Anteil zu haben an seinem Brot? Ist »Langeweile« ein Grund, sich von der wöchentlichen Sonntagsfeier so zu trennen, wie Ihr es tut? Kann die Unvollkommenheit der Gemeinde Anlaß sein, sich ganz von der kirchlichen Gemeinschaft zu trennen? Wir können nicht glauben, daß einer von Euch wirklich so oberflächlich denkt.

Neben dem »Kirche – nein« steht das »Christus – ja«. Dieses Ja zum Herrn, muß, wenn es vorhanden ist, irgendeine Gestalt bekommen. Im persönlichen Leben gäbe es da das Gebet, morgens, abends, in stillen Stunden. Vater und ich haben uns oft gefragt, ob einer von Euch noch betet, in der Heiligen Schrift liest, die Psalmen meditiert, sich innerlich – ohne Kirche – Christus verbunden fühlt. Vieles in Eurer Haltung, meinen wir, sei durchaus noch christlich: Aufrichtigkeit, Hingabe an den Mitmenschen, Selbstlosigkeit, Treue. Vielleicht ist es möglich, ohne kirchliche Sakramente einen lebendigen Christenglauben zu haben. Aber es zeigt sich doch immer wieder: Wer persönlich betet und die Liebe zu Christus in sich geweckt hat und pflegt, der wird *auf Dauer* nicht ohne Gemeinde, die Kirche, den Lebensrhythmus der Gottesdienste auskommen.

Wir wollen jetzt keine gegenseitigen Anklagen erheben, aber neben den Fehlern der Eltern und der Kirche in der religiösen Erziehung, neben schädlichen Umwelteinflüssen und Schwierigkeiten, die im modernen Glaubensverständnis selbst liegen, gibt es wohl noch etwas, das zu bedenken ist: daß Ihr durch eigene Schuld vom Glauben abgekommen sein könntet. Es *gibt* eine Schuld des Menschen, und man soll ihre Folgen nicht zu leicht nehmen. Es ist eben auch eine Tatsache des Glaubens: daß man sein Leben, sein ewiges Heil aus eigener Schuld verfehlen kann. Es wird mir etwas bang ums Herz, wenn ich an solche Dinge denke.

Schließlich möchte ich noch etwas sagen: daß Ihr offenbar nicht sehen könnt, wie schön doch eigentlich der christliche Glaube ist. Wie wunderbar ist diese Hoffnung, von der wir in der Bibel lesen. Der Glaube an die Menschwerdung Gottes und an die Erlösung durch Kreuz und Auferstehung Jesu von Nazarets hat so viele große menschliche Geister ergriffen und tief bewegt – von Augustinus bis zu Franziskus, von Thomas von Aquin bis zu Pascal, von Paul Claudel bis zu Alfred Döblin –, daß ich keine Sorge habe, mit meinem Glauben als dumm in dieser Welt dazustehen. Ich wünschte mir, auch Ihr könntet Euch wieder dazu aufmachen, jenen Glauben zu suchen, der Euch in Eurer Kindheit und Jugend erleuchtet hat. Wir beide, Vater und ich, meinen immer wieder: Es kann doch nicht vergeblich gewesen sein, was wir über so viele Jahre in Euch zu wecken versucht haben.

Vielleicht noch eines, wie auch immer und was Ihr auch tut, christusgläubig oder nicht, gottesgläubig oder nicht: Ihr solltet immer der Stimme Eures Gewissens folgen. Ich wollte durch diesen Brief diese zarte Stimme des Gewissens nur ein wenig hörbarer machen. Legt mir dies bitte nicht falsch aus, ich wurde selbst durch mein Gewissen zu diesen Zeilen gedrängt.

In Liebe – Eure Mutter.

Friederike Kügler

Weiterführung

Wie sieht es in Ihrer Familie aus, in Ihrer Verwandtschaft? Oft genug erlebe ich, daß ganz tief drinnen im Menschen der überkommene Glaube schlummert, überdeckt von tausend Zwängen. Und in den Grenzsituationen des Lebens bricht er dann hervor ... manchmal.

Zum Thema »Glauben« eignet sich auch das Zwiegespräch zwischen Vater und Sohn in »Papa – Charlie hat gesagt ...«: »Alles Glaubenssache« (Ursula Haucke, Rowohlt Taschenbuchverlag, rororo 4645, siehe auch: Willi Hoffsümmer, 77 religiöse Spielszenen für Gottesdienst, Schule und Gruppen, Matthias-Grünewald-Verlag, Mainz 1989, S. 120–124).

3. Der freigebige Baum
(Lk 2, 41–52: Fest der Hl. Familie)

1. Hinführung

Liebe heißt weitergeben, was wir von Gott und den Menschen an Liebeskraft geschenkt bekamen. Manchmal geht dieses Schenken sehr weit: Lieben, bis es wehtut. In einem Gleichnis, das ich Ihnen am Familiensonntag vorlesen will, wird uns das anschaulich vor Augen geführt.

2. Hinführung
(die eine spätere Diskussion beabsichtigt:)

Heute, am Familiensonntag, möchte ich Ihnen eine Geschichte vorlesen, über die Sie gleich mit Ihrem Banknachbarn ein paar Minuten sprechen sollen. Es geht um die »goldene Mitte«: Einerseits sollen wir lieben, bis es wehtut; andererseits muß ich auch etwas für mich selbst tun, damit mein innerer Brunnen gefüllt wird, aus dem ich austeilen soll. Können Sie der folgenden Geschichte zustimmen oder nicht?

Geschichte

Es war einmal ein Baum, der hatte einen kleinen Jungen sehr gern. Dieser kleine Junge kam jeden Tag, fing seine Blätter auf, machte sich Kronen daraus und lief als König der Wiesen herum. Er kletterte am Stamm des Baumes hinauf und schaukelte auf seinen Ästen. Er aß seine Äpfel und spielte mit ihm Verstecken. Und wenn er müde war, schlief er in seinem Schatten. Der Junge liebte den Baum über alles. Und der Baum war glücklich.
Aber die Zeit verging, und der Junge wurde älter. Der Baum war jetzt oft allein.
Eines Tages kam der Junge wieder, und der Baum sagte: »Los, Kleiner, klettere doch meinen Stamm hoch, schaukle auf meinen Ästen, iß meine Äpfel, spiel in meinem Schatten und freue dich.«
»Ich bin zu groß zum Klettern und Spielen«, sagte der Junge. »Ich möchte Sachen kaufen und es lustig haben. Ich brauche Geld. Hast du Geld für mich?«
»Tut mir leid«, sagte der Baum.
»Geld hab' ich keins. Ich habe nur Blätter und Äpfel. Nimm meine Äpfel und verkauf sie in der Stadt. Dann kriegst du Geld und bist zufrieden.«
Da kletterte der Junge auf den Baum, schüttelte die Äpfel hinunter und nahm sie mit. Und der Baum war glücklich.
Dann blieb der Junge lange weg, und der Baum war traurig. Eines Tages aber kam er wieder zurück, und der Baum schwankte vor Freude.
»Los, Kleiner«, sagte er, »klettere doch meinen Stamm hoch, schaukle in meinen Ästen und freue dich«.
»Ich hab' keine Zeit, auf Bäume zu klettern«, sagte der Junge. »Ich brauche ein Haus, wo's warm ist«, sagte er, »ich möchte eine Frau

und Kinder, und drum brauch' ich ein Haus. Hast du ein Haus für mich?«

»Ein Haus hab ich keins«, sagte der Baum. »Die Wiese ist mein Haus. Aber du kannst meine Äste abhauen und ein Haus bauen. Dann bist du bestimmt zufrieden.«

Da sägte der Junge die Äste ab und nahm sie mit, um sich ein Haus zu bauen. Und der Baum war glücklich.

Aber nun blieb der Junge sehr lange weg.

Als er wiederkam, konnte der Baum kaum sprechen, so freute er sich. »Los, Kleiner«, flüsterte er, »komm und spiel mit mir«.

»Ich bin zu alt zum Spielen«, sagte der Junge. »Ich will ein Schiff, mit dem ich weit wegfahren kann. Hast du ein Schiff für mich?«

»Nimm meinen Stamm und mach dir ein Schiff draus«, sagte der Baum. »Dann kannst du wegfahren und wirst zufrieden sein«.

Da schlug der Junge den Stamm ab, machte sich ein Schiff und fuhr davon. Und der Baum war glücklich ... fast glücklich.

Erst nach langer Zeit kam der Junge wieder zurück.

»Tut mir leid, Kleiner«, sagte der Baumstumpf, »jetzt kann ich dir nichts mehr geben. Meine Äpfel sind weg ...«

»Meine Zähne sind zu schwach zum Äpfelbeißen«, sagte der Junge.

»Meine Äste sind weg«, sagte der Baum, »du kannst nicht mehr darauf schaukeln ...«

»Ich bin zu alt, um auf Ästen zu schaukeln«, sagte der Junge.

»Mein Stamm ist weg«, sagte der Baum, »du kannst nicht mehr hinaufklettern ...«

»Ich bin zu schlapp zum Klettern«, sagte der Junge.

»Schade«, seufzte der Baum, »ich hätte dir gern noch etwas gegeben, aber ich habe nichts mehr. Ich bin nur ein alter Strunk. Wirklich schade«.

»Ich brauche nicht mehr viel«, sagte der Junge. »Ich möchte nur noch sitzen und ruhen. Ich bin so müde.« »Oh«, sagte der Baum und streckte sich etwas. »Ein Strunk ist gerade richtig zum Sitzen und Ruhen. Komm, Kleiner, setz dich. Setz dich und ruh dich aus.«

Und das tat er, der alte Junge.

Und der Baum war glücklich. – *Stille* –

Shel Silverstein

1. Weiterführung

Menschen, die sich ganz für andere hingegeben haben, können bestätigen: Da erst, sagen sie, war ich richtig glücklich und zufrieden.

Übrigens, Jesus hat sich auch ganz hingegeben. – Ich wünsche uns, daß wir auf diesem Weg des Weiterschenkens bleiben, auch wenn wir es nicht so vollkommen vermögen wie der Apfelbaum.

2. Weiterführung

Trifft diese Geschichte noch die goldene Mitte? Es heißt: Ich soll lieben bis zuletzt. Es steht aber auch im Hauptgebot: Du sollst den Nächsten lieben *wie dich selbst*. Es gibt auch eine Eigenliebe im guten Sinn. Bleibt dafür in dieser Geschichte noch genug übrig? Wo verläuft Ihrer Meinung nach die Grenze? Bitte unterhalten Sie sich ... Minuten darüber mit Ihren Banknachbarn.

4. Brief aus dem Altersheim
(Sir 3,2–6. 12–14: Fest der Hl. Familie)

Hinführung

Er ist nicht leicht, der Umgang mit alten Menschen in der Familie. Aber eines Tages sind wir auch alt. Vielleicht werden wir dies anders erleben, wenn wir uns jetzt schon in die Situation eines ganz alten Menschen hineindenken. Darf ich Sie entführen?

Geschichte

(Das Vorlesen des Briefes kann von Dias begleitet werden, die ältere und ganz alte Menschen zeigen. Der Vor- und Nachspann kann entfallen.)
Er: *(sitzt auf einem Stuhl im Chor und blättert in der Zeitung)*
Sie: *(tritt näher mit einem Brief)* Ein Brief von deinem Vater ist gekommen.
Er: *(nebenher)* Na ja, lies ihn vor.
Sie: *(öffnet den Brief und beginnt vorzulesen)*
Er: *(blättert zunächst weiter in der Zeitung, legt sie dann zur Seite)*
Sie: Mein lieber Junge und deine liebe Frau,
deinen Brief von neulich habe ich bekommen und muß ihn immer wieder lesen, weil alles, was du schreibst, ist so schwer zu verstehen für mich. Weil ich nichts mehr weiß von dir und deiner Frau und der Stadt, wo du wohnst, und deiner Arbeit. Und weil ich daraus

nicht erkennen kann, daß du mein Sohn bist. So ist das Leben, weil wir es nicht ändern können, daß die Menschen weggehen voneinander in den Jahren und sind allein hier und da. Ich kann dich nicht erkennen in deinen Gedanken an mich. Wenn ich denke, dann sehe ich dich da, wo es dunkel wird – wie im Nebel, wenn der Herbst ist. Dein Gesicht ist weit und fremd und alt. Das hat nichts zu tun mit dem Jungen, der du warst als mein Sohn. Wo du klein warst damals. Ich will dich sehen und anfassen nochmal die Hand.

Gott beschütze dich und alles, was du tust jeden Tag, und deine Frau, und deine Arbeit und deine Kinder. Gott ist nicht weit.

Ich mußte aufhören zu schreiben, Schwester Maria hat das Frühstück gebracht, zwei Brötchen mit Kirschenmarmelade und warme Milch. Sie sagt, daß ich alles aufessen muß, und hat gelächelt. Es ist schön, wenn sie lächelt für mich.

Ich kann die Tasse nur schwer halten mit einer Hand und muß beide nehmen, damit das Tischtuch nicht schmutzig wird.

Gestern nachmittag sagte Dr. Schulz, daß es nicht gut ist mit meinem Bein. Ich kann nicht richtig essen, es ist wie Brei in meinem Mund. Gott hat es gegeben; Gott hat es genommen, daß ich nicht mehr richtig gehen kann. Da wird alles weit: vom Tisch zum Bett und zum Fenster. Alle Städte und Dörfer sind weit weg, daß ich nicht mehr weiß, ob ich sie gesehen habe oder geträumt im Leben. – –

Ewald ist gestorben, vorgestern ganz plötzlich. Er sagte, daß sein Leben nichts mehr wert ist, seit er nicht mehr konnte im Garten arbeiten. Im Fernsehen war was über Altersheime, wo ich nicht weiß, ob du das gesehen hast. Ewald sagte, daß das nicht so ist, wie die das zeigen. Sein Zimmer ist jetzt frei, eine Frau kommt dahin.

Es ist halbelf. Bis zum Mittag muß ich fertig sein mit dem Brief, weil du ihn kriegen mußt. Meine Augen sind schlechter geworden, und ich muß mich ausruhen und die Hand.

Ewald ist 81 Jahre alt geworden. Ich kenne ihn seit 40 Jahren vom Amt. Er war ein guter Mensch gewesen. Aber das ist jetzt alles weg. Und keine Kinder sind da. Seine Frau ist gestorben vor 50 Jahren, wo sie jung war – an einem Kind, was nicht auf die Welt wollte und das schon bei der Geburt gewußt hat! Das sagte Ewald immer. Er hat das nicht verstanden, und wir haben viel darüber geredet. Im Himmel kann er das Kind fragen und die Frau. Er ist gespannt gewesen, was die zu ihm sagen, warum das so gekommen ist. »Ich werde sie fragen und keine Angst haben vor dem lieben Gott«, hat er immer gesagt.

Deine Mutter ist auch schon lange tot. Denkst du an sie? Du mußt an sie denken, sie war eine gute Frau. Wir haben ein gutes Leben gehabt zusammen, 31 Jahre lang ein gutes Leben und viel Arbeit. Wir haben ein Haus gehabt in Karlstadt, am Fluß, wo jetzt andere drin leben, – wenn es das Haus noch gibt, was ich nicht weiß. In dem Haus haben wir gewohnt und du und deine Mutter. Das ist lange her. Das Grab gibt es nicht mehr von ihr. Es ist im Krieg kaputt. Das Bild, wo sie drauf ist an der Wand hier, ist ganz gelb. Nur wenn ich nah ran geh, kann ich es erkennen noch und ihr liebes Gesicht und muß dran denken.

Das ist oft, daß schwarze Totenwagen kommen und einen abholen von uns. Bestimmt zwei oder dreimal den Monat. Im letzten Winter war es viel mehr. Da haben sie abgeholt Frau Reichert, Frau Siebert, Erwin Bauer und andere, wo ich den Namen nicht mehr weiß. Und Herrn Klock. Erwin Bauer stimmt gar nicht, der ist noch da, aber krank. Und ich hab ihn lange nicht gesehen. Und werde ihn auch nicht mehr sehen, glaub ich. Dann sind noch gestorben Dr. Schmidt, Frau Faupel und Fräulein Schumann. Die war nett. Und dann wird kommen eines Tages der Wagen und auch mich holen in die Ewigkeit. Daß du kommst zu meiner Beerdigung! Und daß du Gott nicht vergißt jeden Tag, mein Junge und deine Frau auch. Er ist da als Einziger. Das weiß ich.

Das muß einen Sinn haben, daß man lebt nun schon 87 Jahre auf der Welt. Und hat gehabt eine Frau und einen Sohn und ein Haus und einen Garten und Freunde und Lachen. Und gearbeitet jeden Tag. Was jetzt alles weg ist. Weit weit weg, nur noch ich allein bin da von allen und du in einer anderen Stadt, die ich nicht kenne und deine Frau und die Kinder. Ich bin allein mit den Gedanken. In der Nacht sehe ich manchmal alles wieder. Das ist schön, aber nicht immer, weil nicht alles schön gewesen ist.

Es klingelt, aber ich geh nicht zum Essen, weil der Brief fertig werden muß, damit du ihn liest, mein Junge.

Was ich noch schreiben will, ist nicht viel. Alle hier kennen die Geschichten von allen Leuten. Wenn einer stirbt, warten wir auf den nächsten, weil der seine Geschichte mitbringt. Und dann erzählt er sie. Was aus seinem Leben. Oder aus dem Krieg. Oder von seiner Frau oder dem Mann. Bald wissen wir die Geschichten auswendig und hören nicht mehr zu. Dann warten wir, daß wieder einer kommt. Meine Geschichte kennen auch alle. Alle Leute sind hier mit allen Geschichten, die man sich denken kann. Da waren welche in Amerika und einer in Australien. Andere waren immer in der Stadt oder hier im Dorf. Manche sagen, daß sie zu den Kindern gehen, weil sie hier nicht leben können in dem Heim und warten jeden Tag, daß der Sohn sie abholt oder die Tochter oder die Enkel. Aber da ist noch nie einer gekommen deswegen. Und wer allein ist und kein Kind hat, der sagt immer, die kommen doch nicht. Die kommen nie. Die kommen auch nie. Welche kommen zu Besuch, abends oder sonntags. Sonntags kommen mehr. Sie gehen rum und reden im Garten und sitzen auf den Bänken. Und dann fahren sie wieder weg.

Hier kommt man nur raus auf den Friedhof. Oder höchstens in das Krankenhaus. Wenn einer dahin kommt, dann tun wir immer so, als wenn er tot ist. Es ist selten, daß einer von dem Krankenhaus zurückkommt.

Nun kann ich nicht mehr, ich bin müde und muß ausruhen.

Ich muß morgen in das Krankenhaus wegen dem Bein, was immer schlechter wird und verfault.

Viele Grüße Dein Vater.

(Langes Schweigen)

Er: Wo ist die Adresse vom Altersheim?
Sie: In der Kommode.
Er: Besser ist, wir telefonieren.
Sie: Ja, das ist besser ...
Er: Hast du die Nummer?
Sie: Ich werde sie heraussuchen.

Hans Peter Renfranz (gekürzt)

Dazu ein kompletter Gottesdienst in der Monatszeitschrift »Gottesdienste mit Kindern und Jugendlichen«, Bergmoser + Höller Verlag, 5100 Aachen, Mappe April 85: »Mit alten Menschen leben«. Gegen Einsendung von DM 2,50 in Briefmarken bei mir zu bestellen. Anschrift: Willi Hoffsümmer, Glescher Str. 54, 5010 Bergheim-Paffendorf.

Weiterführung

Im Buch Jesus Sirach, in einem Buch des Alten Testaments, heißt es: Mein Sohn, wenn dein Vater alt ist, nimm dich seiner an, und betrübe ihn nicht, solange er lebt. Wenn sein Verstand abnimmt, sieh es ihm nach, und beschäme ihn nicht – weil du stärker bist (Sir 3, 12.13).

5. Die Ausscheidung

(Nicht den einfachen Weg gehen: Mt 16, 21–23: 22. So. i. J., Lesejahr A; Mk 8, 31–33: 24. So. i. J., Lesejahr B)

Hinführung

Es gab ernstzunehmende Leute, die sagten: »Wenn wir uns daran gewöhnen, wehrlose Kinder im Mutterleib zu töten, werden eines Tages auch Menschen fordern, am Ende des Lebens freigebiger mit der ›schönen Spritze‹ umzugehen und zwar, um Schwerstbehinderten und Sterbenden auf ihren Wunsch hin das Ende zu erleichtern.«
Ein Schriftsteller hat das Ganze zu Ende gedacht. Er überschrieb seine Vision mit »Die Ausscheidung«. Ich lese sie vor, damit wir weiterdenken.
(Achtung: Setzen Sie bei den Personalien eine Straße aus Ihrer Umgebung ein. Sprechen Sie die Computerstimme eintönig ausdruckslos in *einem* Ton.)

Geschichte

Er trat ein, bedächtig und ohne Hast, und blickte sich um. Er hatte schon viel von diesem Raum gehört und versucht, ihn sich vorzustellen, und nun sah er ihn in Wirklichkeit. Der Raum war nicht besonders groß. Die Wände waren aus bläulich-weißem Plastik. Von der Deckenleuchte fiel grelles Licht auf einen schwarzen Sessel.
Er gab sich einen Ruck, schritt auf den Sessel zu und setzte sich. Bald glimmte vor ihm ein rotes Lämpchen auf, und eine ausdruckslose Stimme ertönte: »/ich begrüße sie/sie befinden sich im raum xz-12 und werden das übliche programm durchlaufen wie schon so viele vor ihnen/es ist also kein grund vorhanden nervös zu sein und erhöhten puls zu haben/beruhigen sie sich/«
Der Angesprochene biß die Zähne zusammen. Ohne Zweifel waren im Stuhl Sensoren eingebaut, die seine physische Verfassung überwachten. Er wollte jetzt keine Schwäche zeigen und sich beruhigen; er hatte ja schließlich Zeit genug gehabt, sich mit seiner Lage abzufinden. Er atmete tief.
»/so ist es gut/«, fuhr die Stimme fort, »/wir kommen jetzt zu den formalitäten/sie heißen/« – »Keller. Heinz Keller«, sagte er, fast schüchtern, »/wollen sie künftig bitte deutlicher sprechen/ ihre adresse/« – »39. Straße, Nummer 117 d.« – »/ihr genaues Geburts-

datum/« – »8. August 1985.« – »/damit haben sie die voraussetzung/«
Die Stimme brach jäh ab, und ein Summen war zu hören. Wahrscheinlich überprüfte der Computer die Angaben. »/sie waren verheiratet mit karin ebner/«, fuhr die Maschine plötzlich fort. »Ja.« Er begann zu zittern. Merkwürdig, selbst nach über acht Jahren vermochte ihn der Gedanke an seine Frau noch aus dem Gleichgewicht zu bringen. Was war sie auch für eine Frau gewesen: heiter und stets lebensfroh, selbst an jenem Tag, als sie gehen mußte und nie mehr wiederkommen durfte. Wie wäre er damals am Leben verzweifelt, wenn nicht seine Kinder ...

»/wollen sie für ihre Kinder eine Nachricht hinterlassen/« Keller schrak auf. Der Computer schien genau zu wissen, woran er dachte. »Gerne, wenn das möglich wäre.« – »/sie haben im folgenden drei minuten zeit auf band zu sprechen/warten sie ein summzeichen ab/«

Heinz Keller blickte auf seine Uhr. Drei Minuten also: nicht viel, wenn er daran dachte, was er ihnen noch alles zu sagen hätte. Er mußte seine Zeit gut einteilen.

Nun ertönte ein kurzes, monotones Summen, und er begann zu sprechen: »Liebe Doris, lieber Martin, meine Kinder. Jetzt ist es also auch bei mir soweit. Ich sitze hier und frage mich, ob eure Mutter möglicherweise im selben Sessel saß, kurz bevor sie starb.

Ihr wißt ja, damals brach eine Welt in mir zusammen. Ich hatte nur noch meinen Beruf, der mich aufrechthielt, und später dann nur noch euch.

Du, liebe Doris, hast mich so oft es ging mit den Kindern im Heim besucht. Das ist keine Selbstverständlichkeit. Viele im Heim haben mich um deine Besuche beneidet. Man kommt sich so – vergessen vor. Vor allem die Kinder haben meinen Lebensabend erhellt. Sie sind immer so fröhlich und so – jung.« Von Gefühlen bedrängt, mußte er schweigen. Dann erinnerte er sich an die kurze Zeit, die ihm zur Verfügung stand, und fuhr fort: »Du, Martin, hast mir von deinen Geschäftsreisen Karten geschickt, wann immer du konntest.

Ich möchte euch für all das danken. Ich muß das jetzt hier auf Band tun, da wir in den letzten Monaten nur noch selten in persönlichen Kontakt getreten sind. Ich hatte es so angeordnet. Die meisten meiner Heimkollegen machen es nämlich auch so.

Was hat man denn schon mit einem alten Mann zu reden, der bald die Altersgrenze erreicht? Es wäre euch wahrscheinlich peinlich gewesen, mit einem – entschuldigt den theatralischen Ausdruck – ›Todgeweihten‹ zu sprechen. Man gewöhnt sich auch leichter an den

41

Gedanken, seinen Vater zu verlieren, wenn die Kontakte ganz allmählich über eine gewisse Zeit hinweg aufgelöst werden. Bei eurer
Mutter war das anders. Ich war mit ihr zusammen bis zu jenem Tag,
als sie hierher gebracht wurde, und das hat mir fast das Herz gebrochen. Jetzt muß ich Schluß machen. Macht's gut. Vor allem du,
Martin, solltest besser auf dich achtgeben. Du arbeitest zuviel. Und,
Doris, grüß die Kinder von mir – oder nein, sag nichts, später vielleicht, wenn sie älter sind. Und sag Albert, er ...»/die Zeit ist um/«,
unterbrach ihn der Computer. »/wir gewähren ihnen noch 15 sekunden
überzeit/« – »Ja – eh – danke. – Doris, sag Albert, er soll's mir nicht
übelnehmen, daß ich die Kinder manchmal zu sehr verwöhnt habe«,
er lachte. »Sein Großvater wird mit ihm genauso gewesen sein. Lebt
wohl!« Nach einer längeren Pause dröhnte es plötzlich von allen
Seiten: »/herr keller/wie sie vielleicht wissen, befindet sich unser staat
in der bedauerlichen lage, dem älteren teil der bevölkerung nicht
mehr die erforderliche unterstützung zukommen lassen zu können/
der beruflich tätige teil der bevölkerung befindet sich weit in der
minderzahl/die steuerlast ist für diese nun schon an der grenze des
erträglichen/die regierung sah sich deshalb sehr zu ihrem bedauern
veranlaßt, gesetz R5-60b zu verfassen, das wie folgt lautet/« Der
Redeschwall wurde durch ein kurzes Summen unterbrochen.
»/bez. α: alle bürger der Europäisch Neutralen Staaten, welche das
50. altersjahr erreicht haben, dürfen sich von ihrer bisherigen
beschäftigung zurückziehen/
/bez. β: sie haben anrecht auf 10 erholungsjahre für die der staat
vollumfänglich aufkommt/
/bez. γ: mit erreichung des 60. altersjahres werden die bürger des
Europäisch Neutralen Staates von speziell zu schaffenden amtsstellen
vollkommen schmerzlos ausgeschieden/
/bez. δ: befreit von dieser regelung sind nur personen, die inhaber
wichtiger staats- und wirtschaftsfunktionen sind und darum kaum
ersetzt werden können/
/bez. ε: die ausführung dieser regelung erfolgt ab 1. 1. 2023/«
Wieder eine Pause. Täuschte er sich, oder erfüllte plötzlich Musik
den kleinen Raum? Nein – aus den Lautsprechern drang tatsächlich
Solveigs Lied von Grieg, seine Lieblingsmelodie, und dann meldete
sich sanft eine warme, weibliche Stimme. War es Karins Stimme?
Nein, aber sie war ihr sehr ähnlich.
»Herr Keller, unter dem roten Lämpchen wird sich in wenigen
Augenblicken eine Klappe öffnen, und ein Glas Thylizium 4Z wird

vor Ihnen stehen. Bitte trinken Sie es in einem Zug aus und begeben Sie sich dann in den Nebenraum, wo Sie eine Liegematte vorfinden werden. In wenigen Minuten werden Sie vollkommen schmerzlos entschlafen sein.

Bitte folgen Sie den eben gegebenen Anweisungen und bedenken Sie, daß es zum Wohl unseres Staates und zum Wohl Ihrer Nachkommen geschieht.«

Die Dame hatte geendet, aber der letzte Satz klang noch eine Weile in Kellers Ohr nach »zum Wohl Ihrer Nachkommen ...«

Er blickte auf das rote Lämpchen. Unten stand in einer Öffnung ein Glas mit einer bläulichen Lösung. Er griff danach, stürzte die Flüssigkeit in sich hinein, erhob sich mit einem schalen Geschmack auf der Zunge und ging in den Nebenraum. – *Stille* –

Herbert Wattenhofer (leicht gekürzt)

Weiterführung

Wenn wir es nicht soweit kommen lassen wollen, dann wehret den Anfängen.

Karneval / Fastnacht

Die Legende von den musizierenden Mönchen
(Gott schaut auf das Herz: Mk 12, 41–44: 32. So. i. J., Lesejahr B)

Hinführung

Heute an Fastnacht darf ich mal ein Thema angehen, das sonst im Jahr keinen Platz hat. Ich habe eine Geschichte gefunden für alle, die bei unseren Liedern nicht mitsingen, weil sie meinen, sie brächten mit ihrer Stimme die Gemeinde durcheinander.

Die Geschichte erzählt eine Legende. Und Legenden haben immer einen wahren Kern.

Geschichte

In einem Wald lebten ein paar Mönche in einer kalten Felsenhöhle. Innerlich aber waren sie jung und glühend geblieben im Dienste Gottes, und immer wieder sangen sie laut und mit Begeisterung ihre Lob- und Dankeshymnen auf Gott. Die Menschen wunderten sich über die Freude dieser Mönche, denn sie sagten sich: »Worüber freuen die sich denn? Die haben doch nur diese ungemütliche Felsenhöhle, durch die im Winter der eisige Nordwind fegt!« Es ging auch kaum noch ein Mensch in ihre Gottesdienste. Denn die Mönche sangen abscheulich falsch. Und darüber regten sich alle auf. Selbst die Vögel verkrochen sich.

Es stimmte sogar: Die Mönche sangen erbärmlich falsch. Das war nicht weiter verwunderlich, ein Teil war schwerhörig und aus Angst, mit dem anderen nicht Schritt halten zu können, sangen sie immer ein paar Takte voraus. Manche hatten kaum noch die Luft, kräftig mitzusingen und legten immer wieder Pausen ein. Und einer hatte nur eine einzige tiefe schöne Note in der Kehle, und er gab immer mit Leidenschaft alles, was er besaß.

So sehr sie sich auch bemühten, es wurde kein schöner Lobgesang. Die Mönche spürten auch den stummen Vorwurf der anderen. Trotzdem fuhren sie in aller Demut fort, Gott mit ihren bescheidenen Mitteln aus ganzem Herzen zu preisen.

Es kam ein großes Fest. Bis spät in die Nacht hatten die Mönche gebetet. Als sie mit dem Gesang anfangen wollten, klopfte es an die Tür. Ein junger Mann stand halberfroren auf der Schwelle, er war auf der Flucht und heilfroh, bei den Mönchen Unterschlupf zu finden. Als er aß, was halbwegs eßbar war, erzählte er auch, er sei ein junger Sänger. Da freuten sich die alten Mönche und sagten: »Komm, sing uns in der Mitternachtsmesse. Dann werden alle, die kommen, in heller Freude zuhören!«

Und richtig. Der Sänger sang, wie in diesem Wald noch nie gesungen worden war. Alle lauschten ergriffen. Den Mönchen liefen Tränen der Rührung übers Gesicht.

Nach der Messe segneten sie ihn von ganzem Herzen und baten ihn, noch einen Tag zu bleiben und mit ihnen zur Dorfkapelle zu gehen. Am nächsten Morgen brachen sie zur Frühmesse auf. Von überallher kamen die Leute aus den Dörfern gepilgert. Als die Mönche die Tür der Kapelle öffneten, strahlte ihnen ein blitzhelles Licht entgegen. Nur langsam gewöhnten sich ihre Augen an das grelle Licht, dann sahen sie einen Engel vor sich. Und schließlich bemerkten sie, daß er traurig aussah.

»Was ist geschehen«, fragte er, »daß wir in der letzten Nacht euren herrlichen Gesang nicht hören durften?« Die Mönche begriffen zuerst nicht, was der Engel wollte. Dann sagten sie: »Wir – und herrlicher Gesang? Wir singen doch falsch – wie allgemein bekannt.« »Ich bin doch ein Brummer«, klagte sich der eine an. »Ich habe doch kein Gehör mehr«, sagte ein anderer. »Und mir bricht immer der Atem ab«, seufzte ein dritter.

Der Engel schüttelte den Kopf: »Wir im Himmel hören nur euer herrliches Loblied, das aus der Tiefe eurer Herzen kommt, und gestern abend sind wir nicht in diesen Genuß gekommen!« »Habt ihr nicht die wundervolle Stimme eines begnadeten Sängers gehört?« »Nein«, sagte der Engel nachdenklich. »Die schönste Stimme kann uns nicht erreichen, wenn sie sich nicht selbst vergessen kann und wenn sie nicht von Liebe zu Gott beseelt ist!«

Der Engel war verschwunden, und der Sänger, der nichts gesehen und gehört hatte als zuerst den Schrecken und dann das andächtige Schweigen der Mönche, ließ sich erzählen, was geschehen war. Er senkte den Kopf: »Betet für mich, ehrwürdige Brüder, damit eines Tages auch meine Stimme den Weg bis zum Himmel findet!«

Von da an setzten die Mönche ihren Lobgesang fort bis zu ihrem Tod. Und der letzte, dessen Stimme nur einen Ton hatte, sang noch auf dem Sterbelager mit aller Begeisterung: »Gelobt sei der Herr, der sich gnädig jedem Lied neigt, das erklingt aus reinem Herzen und guter Absicht!« – *Stille* –

Helene Haluschka (stark gekürzt)

Weiterführung

Gott schaut auf das Herz, auf unsere Absicht – ob Liebe dahintersteckt.

Geeignet ist auch die Geschichte »Sich nicht alles gefallen lassen« (siehe unter »Krieg/Frieden«, S. 60), dann aber mit folgender *Hinführung:* Es ist erstaunlich, wie gut sich Menschen zu Karneval auf den Straßen und an den Theken verstehen. Dann scheinen sie genau zu wissen: In Freude und Frieden leben wir länger. Klappt die Verbrüderung nur mit einem Schuß Alkohol? Warum sieht der Alltag gleich wieder anders aus? Wie es im Alltag manchmal sein kann, bekommen wir in folgender Geschichte vor Augen geführt. Denken wir dabei nicht so sehr an andere ... *Geschichte* ...

Weiterführung: Gott sei Dank, Sie haben gelächelt. Wissen Sie aber, daß die Gerichte mit einer Prozeßlawine von nachbarlichen Auseinandersetzungen beschäftigt sind? Wie steht es um unsere Haltung, sich etwas gefallen zu lassen – nicht nur zu Karneval?

Fastenzeit / Passion

1. Der Weitsprung
(Mk 10, 17–27: 28. So. i. J., Lesejahr B)

Hinführung

Es fällt auch heute schwer, zu Erwachsenen und besonders Jugendlichen von den Wegen zum Reich Gottes zu sprechen. Ich möchte Ihnen dazu eine Geschichte vorlesen, die das schwierige Unterfangen auf eine Ebene bringt, die mehr Menschen verstehen. Die Geschichte lautet: Der Weitsprung.

Geschichte

Ein Einsiedler saß vor seiner bescheidenen Behausung und blickte über das weite Tal. Da trat ein junger Mann an ihn heran und fragte: »Gibt es einen sicheren Weg, um ins Glück, um ins Paradies zu gelangen?«
Der Einsiedler dachte eine Weile nach. »Es gibt einen Weg«, sagte er, »aber Sie müssen sehr sportlich sein«.
»Das bin ich«, lachte der junge Mann, »schauen Sie nur!« Und er ließ seine Muskeln spielen und wies auf die durchtrainierten Beine. (Ich denke an »Body building« und an all die Foltergeräte, die für körperliche Fitneß sorgen.)
»Gut, gut«, lachte der Einsiedler. »Das ist ja vortrefflich. Schauen wir also, ob Sie den sicheren Weg ins Paradies finden werden.«
In der Nähe der Einsiedelei befand sich ein kleines Feld, auf dem der Einsiedler einige Dattelpalmen und Zitronenbäumchen gepflanzt hatte. Er maß den sandigen Grund ab und unterteilte ihn in Abschnitte von je einem halben Meter.

»Für jeden Besitz oder jede Sache, an denen Ihr Herz hängt, werden wir dreißig oder fünzig Zentimeter werten«, eröffnete der Einsiedler dem verdutzten jungen Mann. »Ich darf doch davon ausgehen, daß Sie ein Auto besitzen?« »Wer hat das nicht!« entrüstete sich der Besucher. Der Einsiedler markierte eine Wegstrecke von fünfzig Zentimetern.

»Sind Sie Hausbesitzer?«

»Ja, von meines Vaters Seite besitze ich ein Mietshaus.«

Der Einsiedler steckte die entsprechende Strecke im Sand ab.

»Natürlich haben Sie einen Fernsehapparat mit Videogerät, nicht wahr?«

»Aber sicher! Wer hat so etwas nicht? Ich bin doch ein moderner Mensch.«

»Eben«, lächelte der Einsiedler. »Sie sind ein moderner Mensch mit den Erwartungen des Augenblicks und nicht mit den Bedürfnissen der Dauer.« Und er fragte weiter und erhielt Auskunft, und er maß den Boden ab nach dreißig oder fünfzig Zentimetern Distanz. Am Ende hatte er neuneinhalb Meter auf dem Boden markiert.

»So«, forderte der Einsiedler den Gast auf, »jetzt springen Sie darüber.«

»Springen?« rief der junge Mann und überblickte die Strecke.

»Ich habe Ihnen gesagt, daß ich sportlich bin, aber einen Weltrekord im Weitsprung kann ich bei Gott nicht aufstellen.«

»Bei Gott – möchten Sie aber doch einmal sein«, erwiderte der Einsiedler sanft, »denn Sie haben sich bei mir nach dem *sicheren* Weg ins Paradies erkundigt.«

Der junge Mann blickte den Einsiedler ungläubig an. »Was hat mein Besitz mit der Entfernung von neuneinhalb Metern zu tun?«

Der Einsiedler zuckte die Schultern. »Sie haben es also nicht begriffen?« fragte er. »Je mehr Sie an irdische Ziele denken, an Geld und Gold bis zu allem, an dem das Herz hängt, um so weiter müssen Sie springen. So einfach ist das.«.

Und als der Besucher ihn verblüfft anschaute, ergänzte er: »Der Besitzlose und der ohne Leidenschaft braucht nur einen Schritt zu tun, und er ist im Paradies. Es ist der sicherste Weg, um dorthin zu gelangen! Heißt es nicht in der Schrift der Väter: ›Was nützt es dem Menschen, wenn er die ganze Welt gewinnt (alle Goldmedaillen und erdenklichen Trophäen, alle Berufsziele und Auszeichnungen), aber Schaden leidet an seiner Seele?‹«

Und der Einsiedler wandte sich ab und blickte wieder in das weite Tal, als käme ihm von dort die Antwort auf die Rätsel dieser Welt.
– *Stille* –

Hermann Multhaupt (leicht geändert)

Weiterführung

Jesus lief dem reichen Mann im Evangelium nicht nach oder bot ihm das Himmelreich zum Nulltarif an. Das ewige Leben ist nicht zu erkaufen: Du mußt dich selber geben. Wer Gott vertraut, braucht nicht die Sicherheiten der Welt; er kann sich ganz loslassen, um sich Gott zu überlassen. Es gibt viele Wege zu Gott. Die vollkommene Hingabe ist der *sichere* Weg.

2. Der Opfertod
(Joh 18,1–19,42: Passion am Karfreitag)

Hinführung

Jesus starb für uns. Wir haben es eben wieder gehört. Aber der Opfertod Jesu geht zu leicht über unsere Ohren – geht er auch in unser Herz? Darum möchte ich eine Geschichte vorlesen, die sich wirklich so zugetragen hat und die ich einer Wochenzeitschrift entnahm. Sie schildert den Opfertod einer 62jährigen Frau:

Geschichte

Die Szene war alltäglich: Ein Dutzend Kinder turnte, lief, sprang, tobte auf dem Spielplatz, am Rand saßen auf den Bänken Mütter – und eine Großmutter.
Wenige Meter entfernt flutete hektischer Straßenverkehr. Aus der Kölner Innenstadt drängten Automassen auswärts in die Wohngebiete. Es war gegen 17 Uhr, als Hertha N. (62) ihr Buch zuschlug und aufstand. Wie alle Tage hatte sie die eine um die andere Stunde am Spielplatzrand gesessen, aus einer alten Gewohnheit heraus.
Die eigenen Enkel waren inzwischen fast erwachsen und spielten hier nicht mehr.
Die guten Erinnerungen an die gemeinsamen Zeiten mit den eigenen Kindern und den Enkelkindern hatten die Frau geprägt. Die Vergangenheit bestimmte – vielleicht zu sehr – die Gegenwart.

Plötzlich zerriß eine explosionsartige Detonation den gleichmäßigen Verkehrslärm. Durch einen Frontalzusammenstoß wurde ein großer schwerer Personenwagen auf die Wiese zwischen Fahrbahn und Spielplatz geschleudert, überschlug sich, ging in Flammen auf, blaurot prasselten sie in den grau verhangenen Himmel.

Eine junge Frau schrie mit greller, fast unwirklicher Stimme: »Die Kinder, die Kinder, sie verbrennen, meine Kinder!«

Ohnmächtig, wohl vom Schock und vom dichten Qualm, lagen Bärbel (6) und Oliver (4) unmittelbar am Rand des Brandherdes, immer wieder von schwarzen dichten Rauchwolken und von Flammen erreicht.

Starr vor Schreck verfolgten die Frauen und Kinder das Furchtbare. Würde der Wind das Feuer auf die Kleinen zutreiben und sie verbrennen?

Alles geschah jetzt sehr schnell: Hertha N. ging mit festen Schritten auf die Unglücksstelle zu, griff die beiden Kinder und schleifte sie über den Rasen fort. Keine Sekunde zu früh: die Flammen breiteten sich aus und schienen nach den Kindern greifen zu wollen.

Die alte Dame, ruhig, mit sicheren Bewegungen, legte die Kinder vorsichtig auf eine Bank.

Die junge Mutter (27) löste sich aus ihrem Schockzustand, beugte sich über die Kleinen, umarmte sie, weinend.

Die Kinder atmeten schwer – und begannen, allmählich die Augen zu öffnen. Rauchvergiftung und Brandwunden waren gering.

Die Retterin, kaum beachtet, ging einige Meter fort und setzte sich auf eine andere Bank. Mehr als vier Jahrzehnte lag jene Nacht zurück, in der Hertha N. ihre eigene Tochter nach einem Bombenangriff aus einem brennenden Haus getragen hatte.

Ein leichter Nieselregen ging nieder, als ein Notarztwagen auf die Wiese bog. Der Doktor befand Bärbel und Oliver in guter Verfassung. Wie zufällig wandte der alte Herr sich Hertha N. zu. Merkwürdig steif und zurückgelehnt saß sie auf ihrer Bank. Jemand sagte: »Die alte Dame hat die Kinder gerettet.«

Sie reagierte auf die Fragen des Arztes nicht, der Mund war unbeweglich, leicht geöffnet, die Augen blickten ins Leere.

Der Arzt verstand.

Vorsichtig ließ er die Frau auf die Trage legen, versuchte eine Herzmassage, gab eine Injektion.

Dann sagte er leise: »Nein, es war zuviel für sie.« Auf dem Totenschein notierte er: »Akutes Herzversagen«.

49

Den Umstehenden schien es so, als stünde ein stilles Lächeln in den Zügen der Toten. – *Stille* –

Wolfgang Pabst

Weiterführung

Vielleicht verstehen wir jetzt etwas mehr, was es heißt:
Jesus starb für uns alle, für *alle* Menschen.

Ähnlich eindrucksvoll die rettende Tat eines Mannes, der bei einem Eisenbahnunglück bis in den Tod hinein einen Stahlträger hält, der sonst ein Kind zermalmt hätte: Wolfgang Altendorf, Die ganze Last der Erde, leicht verkürzt in »Kurzgeschichten 3«, Nr. 53.

3. Die goldene Höhle (Misereor/Adveniat/»Dritte Welt«)
(Lk 6, 20–26: 6. So. i. J. Lesejahr C)

Hinführung

Ein Geldschein für Misereor – und dann haben wir unseren Beitrag gegen die Not der Welt geleistet?
Die folgende Geschichte klärt uns auf: Unser Wohlstand wurde (und wird) auf dem Rücken der heutzutage Ärmsten der Armen (in unserer Geschichte werden sie »Pauperitanier« genannt) erworben. Als kleine Wiedergutmachung bleibt eine lebenslange Verpflichtung, spürbarer zu teilen.

Geschichte

Es war einmal ein kleiner Junge, der hieß Inops. Er lebte hier in Pauperitanien und hütete Tag für Tag die Schafe seiner Familie. Eines Tages schlief Inops darüber ein. Und als er erwachte, war eines der Lämmer verschwunden. Sofort machte er sich auf die Suche. Er rief, er lockte. Und nach langer Suche vernahm er schließlich ein schwaches Blöken.
Als er dem nachging, fand er das Lamm in einer Höhle unterhalb eines leicht überhängenden Hochplateaus. Vorsichtig stieg Inops hinab. Nachdem er das Lamm auf seinen Armen beruhigt hatte, schaute er sich neugierig in der Höhle um. Ihre Wände glitzerten geheimnisvoll. Und als er näher herantrat, sah er, daß sie wie von

innen heraus golden schimmerten. Behutsam tasteten seine Finger über den Glanz. Dabei brach plötzlich ein kleines Stück ab. Inops eilte damit ans Tageslicht und konnte sich nicht sattsehen an diesem seltsamen Funkeln.

Als er sich dem Bann endlich entziehen konnte, dunkelte es schon. Geschwind hastete er mit dem Lamm zur Herde zurück und nach Hause.

Am nächsten Tag konnte er sein Geheimnis nicht länger für sich behalten. Erregt zeigte er den glitzernden Fund seinen Freunden. Die staunten ihn bewundernd an, bedrängten ihn sogleich mit Fragen nach der Höhle. Und unglückseligerweise gab Inops ihrem Drängen nach.

So kam es, daß unser Land bald erfüllt war von lautem Geschrei: »Schaut, was wir gefunden haben! Glänzendes Gold! Die ganze Höhle ist voll davon!«

Nun hob ein großes Gerenne an. Jeder wollte solch ein Glitzerding haben. Groß und klein wetteiferten darum, den größten Brocken zu besitzen. Aus Freunden wurden Rivalen. Die Frauen stachelten ihre Männer auf, immer noch mehr des betörenden Glanzes herbeizuschaffen. Selbst Kinder wurden angehalten, den Nachbarn die blendenden Steine zu stehlen. In unserer Sprache machten sich zuvor ungekannte Wörter breit wie Haß, Betrug, Feindschaft, Verrat, Lüge.

Flugs wurden Stufen in den steilen Hang geschlagen. Die Wände der Höhle wurden abgeschlagen, und dahinter funkelte immer neues Gold. Pauperitanien war wie im Rausch. Jung und alt hatten nur noch eines im Sinn: Gold, Gold, Gold. Die Felder lagen brach. Die Schafe wurden weder gemolken noch geschoren.

Dieses Durcheinander blieb auch unseren Nachbarn in Opulentanien nicht verborgen. Und es dauerte nicht lange, da strömten diese Menschen mit ihrer hellblauen Haut in unser Land. Zuerst dachte sich niemand etwas dabei, als sie sich die Taschen prall mit glitzerndem Gestein füllten. Sollten sie doch. Es war ja genug da für alle. Und ohnehin war jeder Pauperitanier zu sehr um seinen eigenen Vorteil besorgt, als daß die Hellblauen überhaupt aufgefallen wären. Nur die Alten schüttelten ahnungsvoll ihre Köpfe und murmelten: »Das kann nicht gut ausgehen. Nein, das kann nicht gut gehen ...«

Und tatsächlich. Eines Tages rückten hellblaue Opulentanier mit langen Stangen an. Sie sperrten das gesamte Hochplateau und den Hügel ab. Sie stellten Schilder mit der Aufschrift »Betreten für Dunkelblaue verboten!« und Wachposten auf. Dann hörte man sie in der

Höhle hämmern und sah, wie sie die funkelnden Steine abtranspor-
tierten, geschützt von den Soldaten der opulentanischen Armee.
Ohnmächtig standen unsere überrumpelten Vorfahren außerhalb der
Absperrungen. Wer versuchte, sie niederzureißen, der wurde nieder-
geknüppelt. Wer es wagte, gegen diese Ausbeutung zu protestieren,
der wurde ohne viel Aufhebens erschossen. Wer es wagte, auf die
Unrechtmäßigkeit des Treibens hinzuweisen, der verschwand plötzlich und ward nie mehr gesehen.

Fast über Nacht war aus den glücklichen Dunkelblauen ein Volk
von gedemütigten Hungernden geworden. Um wenigstens das
Nötigste zum Essen zu haben, verdingten sich viele schließlich bei
den Hellblauen für einen Hungerlohn als Höhlenarbeiter. Und
während sie sich im Schrein der Fackeln abrackerten, nahmen sich
die Hellblauen mit Gewalt die dunkelblauen Frauen, wie es ihnen
gerade beliebte.

Natürlich gab es Versuche des Widerstands. Doch es waren zu
wenige, die noch die Kraft dazu hatten. Und die, die für die Unter-
drücker schufteten, waren froh um diese Möglichkeit, ihre Familien
zu ernähren. So nahmen Armut und Verbitterung in unserem Volke
stetig zu. Der Unterdrückungs- und Bespitzelungsapparat funktio-
nierte perfekt. Argwohn und Neid schlichen sich in die Herzen
unserer Vorfahren.

Erst als die Menschen zu Tode erschöpft waren, erst als der Höhle
ihr letzter Funken Glanz geraubt war, da zogen sich die Hellblauen
wieder nach Opulentanien zurück. Zwanzig Jahre lang hatten sie
ihren Wohlstand mit fremdem Funkeln vergoldet. Zwanzig goldene
Jahre lang. Jetzt, da die Quelle versiegt war, hatten sie kein Interesse
mehr an Pauperitanien und seinen Menschen; sie überließen sie ihrem
Elend.

Damals schworen sich unsere Vorfahren, nie wieder mehr zu wollen,
als sie zum Leben brauchten. Und der Rat der Alten beschloß ein
Gesetz – das einzige, das wir bis heute haben. Danach ist jedem
Pauperitanier verboten, sich von glitzerndem Glanz betören zu lassen, und jeder ist verpflichtet, für die Gemeinschaft verantwortlich
zu sein.

Damals haben wir unsere Grenzen geschlossen. Jeder Familie wurde
ihr Stück Land zum Beackern zugewiesen und ein paar Schafe.

– *Stille* –

Gerhard M. Kirk

Wir leben in Opulentanien. Wie steht es um unser Gerechtigkeits-denken?

Ostern

Am Fest der Feste habe ich mich noch nie zu einer Geschichte als Predigt durchringen können: Weil es die gute Nachricht von der Verkündigung der Auferstehung verbietet oder es so viele geeignete Geschichten nicht gibt? Wenn überhaupt, kämen in Frage: »Die Ostergnade der Vergebung« von Werner Bergengruen, auf vier Seiten verkürzt in Hermine König (Hg.), Sie zogen hinauf nach Jerusalem, Lesebuch für die Fasten- und Osterzeit, Kösel Verlag, München 1984, S. 197–200; auf nur eine Seite verkürzt in »Kurzgeschichten 2«, Nr. 63. – »Ein Korb Ostereier« von Jo Hanns Rösler erzählt die Handlungsweise eines von der Osterfreude ergriffenen Menschen, der aus Fehlern gelernt hat und gute Kreisläufe in die Welt setzen will, z. B. in: Zielfelder ru 7/8, Kösel Verlag, München 1977, S. 72 f.

Pfingsten

Sie verstanden einander
(Apg 2,1–11: 1. Lesung am Pfingsttag)

Hinführung

Wie uns die Lesung berichtet, verstanden plötzlich wildfremde Menschen einander. Warum verstehen wir uns manchmal in den Häusern und Pfarrgemeinden nicht, obwohl wir die gleiche Sprache sprechen? Wenn wir die Sprache des Herzens sprächen, die Sprache des Heiligen Geistes, dann verständen wir einander. Die folgende Geschichte kann es uns eindrucksvoll zeigen.

Der Schweißer im Sindelfinger Werk III, der Italiener Zeno Zuccardi, war nahe daran, sich das Leben zu nehmen. Während der Mittagspause hatte er von seiner Mutter einen Brief bekommen. Ungewöhnlich schon dies; denn die Mutter schrieb sehr ungern, richtig gesagt, sie konnte gar nicht schreiben und mußte sich die Briefe vom Posthalter schreiben lassen. Da stand es also schwarz auf weiß: Silvia Silloni hat vorige Woche den Gemeindesekretär Baffelli geheiratet, Silvia, der zuliebe er in dieses unfreundliche Land gezogen war, der zuliebe er die Arbeit am Punktschweißgerät gelernt hatte, eine Arbeit, die ihn taub und blind machte, der zuliebe er jeden Groschen sparte ...

Als die Sirene den Arbeitsschluß verkündete, stürzte er fort. Wohin? Einerlei, jeder Weg führte an das gleiche Ziel, an das Ende. Und das Ärgste: Er war allein, völlig allein in diesem öden Sindelfingen, allein in dieser fremden Welt. Hätte er doch jetzt einen Freund gehabt, einen Landsmann, mit dem er sich hätte aussprechen können! Aber im Werk gab es nur Griechen, Jugoslawen, Armenier, Türken, Kurden, keinen einzigen Menschen, der seine Sprache verstehen konnte. Silvia und Baffelli – oh, er wußte nicht, wen er mehr hassen sollte: diesen eitlen, aufgeblasenen Baffelli, der ihm die Braut genommen hatte, oder Silvia, die treulos diesem Baffelli in die Arme gelaufen war – einerlei, es war alles zu Ende. Wofür noch arbeiten, noch leben?

Über die Feldwege stürmte er hin, überlegte nur noch, auf welche Weise er am sichersten seinem Leben ein Ende machen könnte. Ein furchtbares Ende sollte es sein. Nicht nur an Silvia, an Baffelli, er wollte sich an allem rächen, was er haßte, auch an seinem Punktschweißgerät. Das brachte ihn auf einen bestimmten Gedanken, ganz recht, wenn bei dem, was er plante, das halbe Werk in Trümmer ging. Während er diesen Plan in allen Einzelheiten durchdachte, kam er an Guran Kürtschük, dem Türken, vorbei, den man im Werk den »Flaschner« nannte, weil er die Schweißer mit Sauerstoff- und Azetylenflaschen versorgen mußte. Guran saß auf einer Bank und rauchte eine Zigarette. Als der Italiener an ihm vorbeikam, zog er sein Päckchen aus dem Hosensack, zupfte eine Zigarette heraus und hielt sie ihm entgegen. Eine Zigarette, wozu? Es wäre schade darum gewesen. Also drängte Zeno weiter. Doch Guran hielt ihn am Arme fest.

»Per Bacco!« fluchte Zeno, »was hältst du mich fest, Flaschner?« Der Türke schwieg und blickte ihm nur forschend in das Gesicht.

»So laß mich endlich los!« schrie Zeno zornig. »Damit du es weißt, ich mache Schluß, davvero, Schluß mit mir, Schluß mit allem, auch mit deinen Flaschen. Da ist uns beiden geholfen.«

Guran konnte kein Wort von dem, was Zeno gesagt hatte, verstehen. Aber er hatte gelernt, im Antlitz der Menschen zu lesen. Er ließ den Arm los. Doch seine dunklen Augen, treu wie die Augen eines Hundes, hielten den anderen fest.

»Du weißt nicht, was man mir angetan hat«, fuhr Zeno los. »Ich frage dich, wofür schiebst du deinen Flaschenwagen durch die Montagehalle, wofür he? Es muß doch alles, was man tut, ein Wofür haben. Für mich aber gibt es kein Wort mehr, mit mir ist es aus, aus für immer und ewig.«

Guran hörte seine Worte, die ihm fremd blieben, aber er hörte die Stimme, besser gesagt, er hörte das Herz, das in dieser Stimme schlug. »Silvia war das schönste Mädchen in unserem Dorf. Ach, das schönste Mädchen von ganz Kalabrien. Weißt du, Guran, Silvia war anders schön, als die Mädchen hier sind. Wie soll ich es dir erklären? Schön für meine Augen, schön für mich. So dachte ich. Aber – maledetto – da kam dieser finstere Baffelli ...«

Zeno krampfte die Finger ineinander, als müßte er Baffelli mit seinen Fäusten erwürgen.

Da ballte auch Guran die Fäuste und knirschte mit den Zähnen; denn er spürte, wie gut es dem anderen tat, wenn er ihm half, jenen Unbekannten zu erwürgen.

Dies aber brachte Zeno vollends in Rage. Da stand er, die Beine breit gespreizt, vor dem anderen, trommelte mit den Fäusten an seine Brust und sprach sich das, was ihn bedrückte, vom Herzen.

Guran hörte ihm aufmerksam zu, doch als er merkte, daß Zeno mit sich selbst noch nicht völlig ins reine gekommen war, griff er zum letzten, äußersten Mittel. Er seufzt tief auf und begann dem Italiener sein eigenes Leid zu schildern, ein Leid, das er freilich erst in Eile erfinden mußte, geriet in Zorn und schrie und fluchte, allerdings auf türkisch; denn er wußte: nichts wirkt so tröstlich, als den, den man trösten will, zu zwingen, selbst jemanden zu trösten. Obwohl Zeno ebenfalls von dem, was Guran sagte, kein Wort verstehen konnte, hörte er ihm ergriffen zu, faßte ihn freundschaftlich an der Schulter und sprach beruhigend auf ihn ein.

So trösteten die beiden einander, Zeno Zuccardi aus Nicastro in Kalabrien und Guran Kürtschük aus Dyarbakir in der Türkei, obwohl einer des anderen Sprache nicht verstehen konnte. Doch sie verstanden eben jene Sprache des Trostes, die der Worte nicht bedarf, weil nicht der Mund spricht, sondern das Herz.

Während sie sich freundschaftlich umarmten, fand Zeno endlich auch ein Wort, das sie beide verstehen konnten, ein Wort, das weder türkisch war noch italienisch, vielmehr deutsch.

»Liebe«, sagte Zeno mit grimmigem Gesicht und schüttelte sich.

»Liebe!« wiederholte Guran und machte dazu eine geringschätzige Bewegung.

Dies aber brachte Zeno Zuccardi vollends die Erlösung. Arm in Arm zogen die beiden zum »Waldhäuschen« hinüber, um dort ihre Freundschaft zu besiegeln und beim Umtrunk einander zu trösten.

Am anderen Morgen schob Guran Kürtschük wieder den Flaschenwagen durch die Montagehalle und Zeno Zuccardi stand wieder am Punktschweißgerät und zog Schweißnähte, wofür? Die Frage blieb offen. Aber ein Schweißer, gewohnt, Trennendes zu verbinden, findet überall etwas, das sich zusammenschweißen läßt. – *Stille* –

Karl Springenschmid

Weiterführung

Wir verstehen einander besser in der Sprache des Herzens. Weil uns das manchmal so schwerfällt, bitten wir Gott, den Herrn, jetzt um seinen Heiligen Geist – für jeden Tag.

Sonntage im Jahreskreis

Gott / Beten

Als Gott die 25. Stunde schuf
(Mk 13, 33–37: 1. Adventssonntag, Lesejahr B; Lk 11, 1–13: 17. So. i. J., Lesejahr C; Lk 18, 1–8: 29. So. i. J., Lesejahr C)

Hinführung

Nehmen wir uns genügend Zeit zum Beten, zum Atemholen der Seele? Wann haben wir uns zum letzten Mal bewußt dafür Zeit genommen? Ist es wirklich nur ein Zeitproblem? Die folgende Geschichte hilft uns bei der Beantwortung weiter:

Geschichte

Besorgt meldeten die Engel dem Schöpfer, daß die Menschen fast gänzlich aufgehört hätten zu beten. Daraufhin beschloß der himmlische Rat, die Ursachen durch eine Schar von Engeln untersuchen zu lassen.
Diese berichteten folgendes: Die Menschen wissen um das Fehlen ihrer Gebete und beklagen es. Aber leider hätten sie trotz ihres guten Willens einfach keine Zeit zum Beten. Im Himmel war man verblüfft und erleichtert: Statt des befürchteten Abfalls handelte es sich also nur um ein Zeitproblem!
Die himmlischen Räte überlegten hin und her, was zu tun sei. Einige meinten, man solle durch entsprechende Maßnahmen das moderne, hektische Leben abschaffen. Eine Gruppe schlug sogar eine Bestrafung des Menschengeschlechtes vor: »Das wird schon seine Wirkung tun«, sagten sie und verwiesen auf die Sintflut.
Das Ei des Kolumbus aber fand ein junger Engel: Gott solle den Tag verlängern! Zur Überraschung aller war dieser einverstanden. Er schuf eine 25. Tages-Stunde.
Im Himmel herrschte Freude: »So ist Gott eben«, sagte man, »*Er* hat Verständnis für seine Geschöpfe«.
Als man auf der Erde zu merken begann, daß der Tag eine Stunde

länger dauerte, waren die Menschen verblüfft und, als sie den Grund erfuhren, von Dankbarkeit erfüllt. Erste Reaktionen waren vielversprechend: Es werde zwar einige Zeit dauern, so hörte man aus informierten Kreisen, bis die Anpassung vollzogen sei, aber dann werde sich alles einspielen. Nach einer Zeit vorsichtiger Zurückhaltung ließen die Bischöfe verlauten, die 25. Stunde werde als »Stunde Gottes« in das Leben der Menschen eingehen.

Im Himmel wich die anfängliche Freude bald der Ernüchterung. Wider alle Erwartung kamen im Himmel nicht mehr Gebete an als bisher, und so sandte man wiederum Boten zur Erde. Diese berichteten:

Die Geschäftsleute ließen sagen, die 25. Stunde – für die man sich durchaus zu Dank verpflichtet sehe – habe durch die Umstellung der Organisation Kosten verursacht. Durch erhöhten Einsatz müßten diese Kosten eingearbeitet werden. Man bitte um Verständnis für diese Sachzwänge.

Ein anderer Engel war bei der Gewerkschaft. Erstaunt, aber doch höflich wurde er angehört. Dann erklärte man ihm, die neue Stunde entspreche eigentlich einer längst überfälligen Forderung der Gewerkschaft. Im Interesse der Arbeitnehmer müsse sie für die Erholung freigehalten werden.

In Kreisen der Intellektuellen wurde über die neue Stunde viel diskutiert. In einer vielbeachteten Gesprächsrunde im Fernsehen wurde vor allem darauf hingewiesen, daß dem mündigen Bürger niemand vorschreiben könne, was er mit dieser Stunde zu tun habe. Die Idee der Bischöfe, sie als »Stunde Gottes« im Bewußtsein der Menschen zu verankern, müsse als autoritäre Bevormundung zurückgewiesen werden. Im übrigen sei die Untersuchung darüber, wie die neue Zeiteinheit entstanden sei, nicht abgeschlossen. Naivreligiöse Deutungen aber könnten dem Menschen auf keinen Fall zugemutet werden.

Dem Engel aber, der zu den kirchlichen Kreisen gesandt worden war, wurde bedeutet, daß man ohnehin bete. Der Eingriff des Himmels, so sagte man, dürfe auf jeden Fall nur als ein Angebot verstanden werden, als ein Baustein der persönlichen Gewissensentscheidung.

Einige gingen noch weiter und sagten, aus der Sicht der kirchlichen Basis sei die ganze Angelegenheit kritisch zu bewerten: Die Zweckbindung der 25. Stunde zugunsten des Gebets sei eng und könnte auf gar keinen Fall »von oben« verfügt werden, d. h. ohne entsprechende Meinungsbildung »von unten«. Manche Pfarrer betonten, wie dankbar sie für die zusätzliche Zeit seien, deren sie dringend für ihre pastorale Arbeit bedürften. Und so hatten eigentlich fast alle einen Grund, warum die dazugewonnene Tagesstunde nicht dem Gebet gewidmet sein könne.

Einige Engel aber berichteten von Menschen, die die geschenkte Zeit wie jede andere Stunde ihres Lebens aus den Händen Gottes annahmen: für ihre Aufgaben, für den Dienst an den Mitmenschen, für die Teilnahme an der heiligen Messe und – für das Gebet, für das sie jetzt noch leichter Zeit fanden als bisher.

Darüber waren die Engel freilich auch verwundert: Diejenigen, die die 25. Stunde tatsächlich in den Dienst Gottes stellten, waren dieselben, die schon bisher genügend Zeit zum Beten gehabt hatten.

So erkannte der himmlische Rat: Das Gebet ist eine Frage der Liebe. Zeit allein bringt keinen Beter hervor. Diejenigen, die nicht beten wollen, werden auch mit einem längeren Tag »keine Zeit« zum Beten finden. Zeit haben, genau besehen, immer nur die Liebenden.

Daraufhin wurde beschlossen, Gott zu bitten, die 25. Stunde wieder abzuschaffen und auch die Erinnerung daran aus den Köpfen der Menschen zu löschen. Und so geschah es. – *Stille* –

Andreas Laun

Weiterführung

Das Gebet, das Hören auf Gott, das Sprechen mit Gott, ist eine Frage der Liebe zu Gott. Welchen Stellenwert hat sie in *meinem* Leben?

Zum Thema »Gott – Glauben« eignet sich auch das Zwiegespräch von Vater und Sohn aus »Papa – Charly hat gesagt ...« Ursula Haucke, Rowohlt Taschenbuchverlag, rororo 4645, siehe: Willi Hoffsümmer, »77 religiöse Spielszenen für Gottesdienst, Schule und Gruppen«, Matthias-Grünewald-Verlag, Mainz 1989, S. 120–124.

Krieg / Frieden

Sich nicht alles gefallen lassen
(Röm 12, 18–21: Gib deinem Feind zu essen; Mt 5,17–26: 6. So. i. J.,
Lesejahr A; Mt 5, 38–48: 7. So. i. J., Lesejahr A)

Hinführung

Karikaturen übertreiben, aber treffen schmunzelnd ins Schwarze.
Wie oft leiden wir an so manchem Unfrieden in unserer Verwandt-
schaft und Nachbarschaft. Wir wissen auch den Weg zum Frieden.
Wenn nur die Mißverständnisse nicht neue Fallstricke legten!
Denken Sie bei der folgenden Geschichte, die ich Ihnen zu diesem
Thema vorlesen möchte, über Ihre Unversöhnlichkeiten nach. Aber
schmunzelnd.

Geschichte

Wir wohnten im dritten Stock mitten in der Stadt und haben uns
nie etwas zuschulden kommen lassen, auch mit Dörfelts von
gegenüber verband uns eine jahrelange Freundschaft, bis die Frau
sich kurz vor dem Fest unsre Bratpfanne auslieh und nicht zurück-
brachte.
Als meine Mutter dreimal vergeblich gemahnt hatte, riß ihr eines
Tages die Geduld, und sie sagte auf der Treppe zu Frau Muschg, die
im vierten Stock wohnt, Frau Dörfelt sei eine Schlampe.
Irgendwer muß das den Dörfelts hinterbracht haben, denn am nächsten Tag überfielen Klaus und Achim unsern Jüngsten, den Hans,
und prügelten ihn windelweich.
Ich stand grad im Hausflur, als Hans ankam und heulte. In diesem
Moment trat Frau Dörfelt drüben aus der Haustür, ich lief über die
Straße, packte ihre Einkaufstasche und stülpte sie ihr über den Kopf.
Sie schrie aufgeregt um Hilfe, als sei sonst was los, dabei drückten
sie nur die Glasscherben etwas auf den Kopf, weil sie ein paar Milch-
flaschen in der Tasche gehabt hatte.
Vielleicht wäre die Sache noch gut ausgegangen, aber es war just um
die Mittagszeit, und da kam Herr Dörfelt mit dem Wagen angefahren.
Ich zog mich sofort zurück, doch Elli, meine Schwester, die mittags
zum Essen heimkommt, fiel Herrn Dörfelt in die Hände. Er schlug

ihr ins Gesicht und zerriß dabei ihren Rock. Das Geschrei lockte unsre Mutter ans Fenster, und als sie sah, wie Herr Dörfelt mit Elli umging, warf unsre Mutter mit Blumentöpfen nach ihm. Von Stund an herrschte erbitterte Feindschaft zwischen den Familien.

Weil wir nun Dörfelts nicht über den Weg trauen, installierte Herbert, mein ältester Bruder, der bei einem Optiker in die Lehre geht, ein Scherenfernrohr am Küchenfenster.

Da konnte unsre Mutter, waren wir andern alle unterwegs, die Dörfelts beobachten.

Augenscheinlich verfügten diese über ein ähnliches Instrument, denn eines Tages schossen sie von drüben mit einem Luftgewehr herüber.

Ich erledigte das feindliche Fernrohr dafür mit einer Kleinkaliberbüchse; an diesem Abend ging unser Volkswagen unten im Hof in die Luft.

Unser Vater, der als Oberkellner im hochrenommierten Café Imperial arbeitete, nicht schlecht verdiente und immer für den Ausgleich eintrat, meinte, wir sollten uns jetzt an die Polizei wenden.

Aber unserer Mutter paßte das nicht, denn Frau Dörfelt verbreitete in der ganzen Straße, wir, das heißt unsre gesamte Familie, seien derart schmutzig, daß wir mindestens zweimal jede Woche badeten und für das hohe Wassergeld, das die Mieter zu gleichen Teilen zahlen müssen, verantwortlich wären.

Wir beschlossen also, den Kampf aus eigener Kraft in aller Härte aufzunehmen, auch konnten wir nicht mehr zurück, verfolgte doch die gesamte Nachbarschaft gebannt den Fortgang des Streites.

Am nächsten Morgen schon wurde die Straße durch ein mörderisches Geschrei geweckt.

Wir lachten uns halbtot, Herr Dörfelt, der früh als erster das Haus verließ, war in eine tiefe Grube gefallen, die sich vor der Haustür erstreckte.

Er zappelte ganz schön in dem Stacheldraht, den wir gezogen hatten, nur mit dem linken Bein zappelte er nicht, das hielt er fein still, das hatte er sich gebrochen.

Bei alledem konnte der Mann noch von Glück sagen – denn für den Fall, daß er die Grube bemerkt und umgangen hätte, war der Zünder einer Plastikbombe mit dem Anlasser seines Wagens verbunden.

Damit ging kurze Zeit später Klunker-Paul, ein Untermieter von Dörfelts, hoch, der den Arzt holen wollte.

Es ist bekannt, daß die Dörfelts leicht übelnehmen. So gegen zehn Uhr begannen sie, unsre Hausfront mit einem Flakgeschütz zu bestreichen. Sie mußten sich erst einschießen, und die Einschläge befanden sich nicht alle in der Nähe unserer Fenster.

Das konnte uns nur recht sein, denn jetzt fühlten sich auch die anderen Hausbewohner geärgert, und Herr Lehmann, der Hausbesitzer, begann um den Putz zu fürchten. Eine Weile sah er sich die Sache noch an, als aber zwei Granaten in seiner guten Stube krepierten, wurde er nervös und übergab uns den Schlüssel zum Boden.

Wir robbten sofort hinauf und rissen die Tarnung von der Atomkanone. Es lief alles wie am Schnürchen, wir hatten den Einsatz oft genug geübt. Die werden sich jetzt ganz schön wundern, triumphierte unsre Mutter und kniff als Richtkanonier das rechte Auge fachmännisch zusammen.

Als wir das Rohr genau auf Dörfelts Küche eingestellt hatten, sah ich drüben gegenüber im Bodenfenster ein gleiches Rohr blinzeln, das hatte freilich keine Chance mehr, Elli, unsre Schwester, die den Verlust ihres Rockes nicht verschmerzen konnte, hatte zornroten Gesichts das Kommando »Feuer!« erteilt.

Mit einem unvergeßlichen Fauchen verließ die Atomgranate das Rohr, zugleich fauchte es auch auf der Gegenseite. Die beiden Geschosse trafen sich genau in der Straßenmitte.

Natürlich sind wir nun alle tot, die Straße ist hin, und wo unsre Stadt früher stand, breitet sich jetzt ein graubrauner Fleck aus.

Aber eins muß man sagen, wir haben das Unsre getan, schließlich kann man sich nicht alles gefallen lassen.

Die Nachbarn tanzen einem sonst auf der Nase herum. – *Stille* –
Gerhard Zwerenz

Weiterführung

Bevor wir uns wieder darüber aufregen, daß die Mächtigen der Erde noch diese Welt zugrunde richten, sollten wir uns nicht – etwas mehr gefallen lassen!?

Nächstenliebe / Caritas

Siehe »Familiensonntag« und das Kapitel »Liebe/Nächstenliebe«
unter »Geschichten als Predigten für Kinder«:
1. Die versteinerte Prinzessin: Das lebenslange Bemühen zwischen
Nächstenliebe und Egoismus, Seite 91.
2. Die Zwillingshexen, Seite 95.

Erntedank

Siehe unter »Geschichten als Predigten für Kinder«: Der Frauensand,
S. 108.

November: Allerseelen/Tod

1. Die Entscheidung
(Mt 25, 31–46: Christkönigssonntag, Lesejahr A)

Hinführung

An den Gräbern fließen gerade im November viele Tränen. Aber
wer hat es – mit den Augen des Glaubens gesehen – eigentlich besser:
Derjenige, der vorausgeht, oder derjenige, der hierbleiben muß? Wir
hören dazu eine eindrucksvolle Geschichte.

Geschichte

Ich bekam dieser Tage einen überraschenden Besuch.
»Störe ich?«
»Kommst du je in ein Haus, ohne zu stören?«
»Ich weiß, ich bin nicht gern gesehen«, sagte mein Besucher, »aber
was bleibt mir übrig, als von selbst anzuklopfen und zu sagen: Es

ist soweit! Einen von euch, entweder dich oder deine Frau, muß ich heute abholen – es liegt bei dir, die Entscheidung zu treffen«. »Hör zu, Gevatter«, antwortete ich, »welcher Ehemann würde nicht sein Leben für seine Frau hingeben? Keiner stirbt gern, aber ich liebe meine Frau, sie hat noch so viel Freude am reichen Leben – wenn es also sein muß, nimm mich.«

»Du sprichst, ohne ernstlich nachgedacht zu haben«, sagte mein Besucher, Gevatter Tod, »so einfach ist die Entscheidung nicht. Wer stirbt, ist im Vorteil. Von ihm fallen alle irdischen Sorgen ab. Alles, was dich heute noch bedrückt, der Kampf um die Existenz, der Streit mit den Nachbarn, das Abwehren der Gläubiger, die Angst vor dem Alter, ob der Notgroschen reichen wird, die Sorgen um die Zufriedenheit des Chefs und der Verdruß mit den Kollegen, ist für dich vorbei. Der Tote hat es immer gut. Er hört nicht die Stürme, die um sein Haus fegen, er sieht nicht die Wasser steigen, kein Brief kann ihm traurige Post bringen, ihn drückt kein Schuh, ihn schmerzt kein Zahn mehr, er kann endlich einmal ausruhen und sein Sorgenbündel zuschnüren und abseits stellen.«

»So magst du es sehen«, antwortete ich, »es ist dein Beruf, dem Menschen, den du abholst, tröstlich zu begegnen. Was mich betrifft, so war meine Hoffnung stets stärker als meine Angst. Wenn ich vor meiner Frau sterbe, so tue ich es ohne Vorteil, weil ich sie liebhabe und ihr die Freuden des irdischen Lebens erhalten will.«

Der Gevatter sah mich lange an. Es war etwas Gütiges in seinem Gesicht. »Gerade weil du deine Frau liebst, solltest du dir deine Entscheidung noch einmal überlegen. In einer guten Ehe, wie ihr sie geführt habt, dreißig Jahre, wo immer einer für den andern da war, wo es nichts gab, was nicht euer Gemeinsames war, wird der Zurückbleibende härter betroffen als der Davongegangene. Du glaubst es nicht? Denk darüber nach, wie das Leben deiner Frau aussehen wird. Ihr Herz ist gebrochen wie deines, nur, daß sie damit weiterleben muß, jetzt alle Sorgen, die ihr bisher gemeinsam getragen habt, allein auf ihren Schultern. Das Leben wird für sie hart und unbequem sein, wenn du ihr nicht mehr zur Seite stehst. Sie wird blind über jeden Stein stolpern, den du ihr nicht mehr aus dem Weg räumen kannst. Niemand ist da, ihre Tränen zu trocknen, die Erinnerungen werden sie quälen bei jedem Lied, auf jedem Spaziergang, selbst der Anblick deines Löffels wird sie verwunden, wenn sie für sich allein den Tisch deckt. Sie wird einsam sein, eure Freunde werden sich von ihr zurückziehen, denn wer mit einem Ehepaar befreundet war, weiß meist mit dem zurückgebliebenen Teil nichts mehr anzufangen. Man wird sich entschuldigen, vielleicht noch an Feiertagen gedankenlos ein frohes Fest wünschen. Deine Frau wird einsam daheim auf einem Stuhl sitzen, die Uhr wird ticken, sie wird immer auf die Uhr starren, aber da kommt keiner herein, nicht du und auch niemand, der nach dir fragt, so wie es früher war – sie wird still dasitzen, mit schmalen Lippen, und sich erinnern, was sie versäumt hat, dir Gutes zu tun; daß sie dir nicht ein einziges Mal gedankt hat, daß du sie zur Frau genommen hast und daß du ihr ein guter Mann warst, die nichtgesagten Worte der Liebe liegen jetzt in ihrem Herzen wie Steine, die ihr den Atem abschnüren und sie niederziehen; sie wird die Minuten, die sie dich warten ließ, verwünschen, denn jede Minute zählt jetzt wie tausend verlorene Minuten ... Ihr Verstand wird sich verwirren, sie wird mit dem Stuhl sprechen und mit dem Tisch, sie hat ja sonst niemand, dem sie ihr Herz ausschütten kann – später wird sie den Tag im Bett liegen bleiben, wozu soll sie aufstehen, es wartet ja keiner auf sie, es braucht sie ja niemand – sag, willst du sie wirklich dieser Not freiwillig überantworten?«

»Nein!« rief ich. »So soll sie nicht leben. Ich liebe sie mehr als mich selbst. Laß mich so elend leben und nimm sie mit in den Frieden des Sterbens. Sie schläft oben, sie war müde. Trag sie behutsam davon, ohne sie zu wecken. Sie soll erst ihre Augen wieder aufschlagen, wenn sie vor Gottes Herrlichkeit steht. Laß sie nicht früher erwachen, sie könnte sich kränken und nach mir fragen, ob ich allein ohne sie fertig werde.«

Der Gevatter nickte mir wie zum Versprechen zu, dann stand er auf und ging zur Treppe, die in den oberen Stock führte.

»Nein!« schrie ich auf. »Laß sie mir! Oder nimm mich! Ich könnte es nicht ertragen, ihre Stimme nicht mehr zu hören, ihre Schritte im Haus, das leise Klirren des Frühstücksgeschirrs, wenn sie am Morgen den Tisch deckt. Ich kann nicht allein am Tisch sitzen, ich kann nicht im Bett liegen, ohne neben mir ihren Atem zu hören. Was gäbe es noch für eine Freude in der Welt, wenn sie nicht daran teil hätte? Der Stuhl im Zimmer, auf dem sie saß, der Mantel am Haken, den sie trug, das Türschild selbst, das sie jeden Freitag putzte, jedes Hemd, das ich aus dem Schrank nähme und das noch von ihr gebügelt ist, jeder Strumpf von mir, den sie stopfte, selbst die Bank in der Kirche, auf der wir gemeinsam beteten – wie könnte ich diesen Anblick ertragen! Mein Verstand würde zerstört von dem Gedanken, was ich versäumt habe, wie viele zärtliche Worte blieben ungesagt, wieviel Gutes ihr zuliebe ungetan. Warum las ich die Zeitung, statt mit ihr zu plaudern und sie anzusehen, sie war doch schön, sie gefiel mir, nie habe ich es ihr in den letzten Jahren gesagt, – warum sagte ich nie: danke schön, daß du da bist – danke schön, daß du mich zum Mann genommen hast – danke schön, daß ich dich so lieb behalten konnte wie am ersten Tag unserer Liebe? Ich habe mich nie für ihr Leben bedankt, das sie mir schenkte, nie für ihre Geduld, mit der sie meine Ungeduld entwaffnete, nie für den Blick, mit dem sie mich immer ansah, dieses Lächeln aus der Tiefe ihres Herzens. Jetzt weiß ich, daß das Wort »meine Frau«, das man ein Leben lang so dahinsagt, das schönste Wort ist, das die menschliche Sprache kennt – laß mich noch einmal zu ihr gehen, ehe du sie mir nimmst, gib mir noch drei Tage, eine Woche nur, um all das nachzuholen, was ich versäumte ...«

Da trat der Gevatter von der Treppe, die nach oben führte, zurück und ging zur Tür, die ins Freie führte. »Ich habe soeben in meinem Buch entdeckt, daß ich mich in der Hausnummer geirrt habe«, sagte er. »Ihr zwei kommt erst ein paar Seiten später dran, wie ich lese ... Nichts für ungut, Freund. Und nütze die Zeit bis dahin, denn wenn ich wiederkomme, kann ich euch keine drei Tage Zeit geben, nicht einmal drei Minuten, um das nachzuholen, was ihr in dreißig Jahren versäumt habt.« – *Stille* –

Jo Hanns Rösler

Weiterführung

Wenn morgen der Ehepartner oder die Tochter oder der Freund die Reise in die andere Welt antreten muß, was würden wir dann noch vorher unternehmen? Und warum tun wir es nicht *heute?*

2. Das Fegfeuer – ein »heißes Eisen«
(2 Makk 12,43–45: Allerseelen)

Vorbemerkung: Strenggenommen gehört dieses Sprechspiel nicht in dieses Buch mit Geschichten. Aber ich habe es bewußt aufgenommen, um an ihm zu zeigen, wie fließend die Übergänge zum Spiel und zum Sprechspiel sind. Starten Sie bitte einen Versuch, um selbst zu erfahren, wie eindrucksvoll auch diese Art der Verkündigung sein kann!

Hinführung

Was die katholische Kirche unter dem »Fegfeuer« versteht, wird von vielen Christen falsch oder nur verschwommen verstanden. Wir hören ein Sprechspiel, das mit einer Kinderfrage beginnt, und uns den Sinn der Bildsprache »Fegfeuer« deutlicher machen kann. Stellen wir uns folgende Situation vor: Eltern und Kind sehen in einer Kirche ein traditionelles Gemälde, das »die Armen Seelen im Fegfeuer« zeigt.

Sprechspiel

Kind: Vati, Mutti, wer sind diese Menschen im Feuer?

Vater: Man nennt sie auch die »Armen Seelen im Fegfeuer«.

Kind: Warum müssen diese armen Menschen so sehr leiden? Das Feuer tut ja fürchterlich weh!

Mutter: Du hast recht, Esther, Feuer tut sehr weh. Das hast du selbst gespürt, als du dir die Finger verbrannt hast.

Vater: Feuer tut weh. Das haben die Menschen zu allen Zeiten gespürt. Feuer reinigt aber auch, und Feuer macht das Metall weich. Auch das haben die Menschen schon immer gewußt. So ist es gekommen, daß sie gesagt haben: Wie das Gold im Feuer geläutert wird, so müssen die Verstorbenen nach dem Tod zunächst noch gereinigt werden. Wie das Eisen im Feuer weich wird, so muß das Harte in ihrem Leben weich werden. Die Verstorbenen erkennen: Wir sind noch nicht ganz reif für Gott. Wir haben noch ein zu hartes Herz für seine Liebe. Wir müssen noch warten, bis wir gereinigt sind und zu Gott eingehen können. Dieses Warten ist für sie wie ein brennender Schmerz. Ihre Reue über die Sünden brennt in ihnen wie Feuer.

Mutter: Esther, denk an das Brot! Das Brot muß im Feuer gebacken werden. Erst wenn es gar ist, kommt es aus dem Ofen heraus.

Kind: Aha, das ist wie im Märchen von der Frau Holle. Das Brot im Backofen hat dem Mädchen zugerufen: »Ach, zieh mich raus, zieh mich raus, sonst verbrenn' ich; ich bin schon längst ausgebacken.«

Vater: Du denkst an die Goldjungfrau im Märchen. Ich denke an Gott, der sich darauf freut, uns Menschen in seine Liebe hineinzuziehen. Gottes Liebe ist wie das Feuer; sie ist eine feurige, eine brennende Liebe. Gott hat ein brennendes Verlangen nach jedem Menschen, auch nach dir, nach deiner Mutter und nach mir!

Mutter: Ich glaube, deshalb hat sich Gott auch immer wieder im Feuer gezeigt. Er ist Mose im brennenden Dornbusch erschienen.

Vater: Und er ist am Pfingstfest in Feuerflammen auf die Jünger herabgekommen. Die Jünger – von Natur aus eher schüchterne Männer – waren plötzlich begeisterte Menschen. Sie waren für Jesus Feuer und Flamme, sie hielten vor dem Volk feurige Reden und brachten dabei zündende Gedanken. Sie entfachten unter den Leuten heiße Debatten. Esther, merkst du, wie ich ständig vom Feuer spreche? Das Feuer ist ein gutes Bild für Gott. Menschen, die von Gott reden, verwenden dieses Bild häufig. Auch Jesus hat vom Feuer gesprochen. Er hat von sich selbst gesagt: »Ich bin gekommen, um Feuer auf die Erde zu werfen; wie froh wäre ich, wenn es schon brennen würde« (Lk 12, 49).

Mutter: Vati, jetzt bist du selbst Feuer und Flamme geworden! Du redest so begeistert – wie ein verliebter Mensch!

Vater: Du hast recht. Verliebte Menschen verstehen sehr gut, was ich gesagt habe. Sie werfen sich ja auch »feurige Blicke« zu, es wird ihnen ganz warm ums Herz.

Mutter: Jetzt kommen wir aber auf ein ganz anderes Thema. Esther hat uns doch gefragt, warum die Armen Seelen im Fegfeuer leiden müssen.

Vater: Ich glaube, wir sind gerade dabei, Esther eine Antwort zu geben, die sie verstehen kann. Auch sie ist manchmal für etwas Feuer und Flamme, für Tennis zum Beispiel.

Kind: Für meine Hobbys, für meine Bücher, für ...

Vater: Esther, du merkst selbst, wie herrlich es ist, wenn du für etwas hellauf begeistert bist. Du hast auch bereits gespürt, wie weh es dir tut, wenn du nicht erreichst, worauf du brennst. Du möchtest im Tennis eine Meisterschaft nach Hause bringen, aber es geht schief. Das hinterläßt in dir einen brennenden Schmerz.

Kind: Ja, das habe ich schon erlebt. Das kann ich verstehen.

Mutter: Mir fällt dazu ein Beispiel aus der Schule ein. Zwei Kinder lernen ein Musikinstrument, zum Beispiel Geige. Das eine

Kind übt eifriger; es darf bereits im Schulorchester mitspielen. Das andere Kind übt weniger; es kann noch nicht die Stücke spielen, die das Orchester aufführt. Es muß noch warten, üben, sich auf das Mitspielen vorbereiten. Dieses Kind erkennt: Früher habe ich zu wenig geübt. Es tut ihm leid, doch seine Reue kommt zu spät. Jetzt erst beginnt es eifrig zu spielen. Es hat ein brennendes Verlangen, mitspielen zu dürfen.

Vater: Das Warten und Üben ist für dieses Kind wie ein Fegfeuer.

Kind: Aha, jetzt verstehe ich! Die Menschen im Fegfeuer sind wie dieses Kind; sie dürfen noch nicht im Orchester mitspielen; sie müssen noch warten und üben, bis sie mitspielen können.

Vater: Prima, Esther, du hast verstanden, was wir dir sagen wollten. Das Orchester ist die Gemeinschaft der Menschen bei Gott, die Gemeinschaft der Engel und Heiligen. Diese Gemeinschaften nennen wir auch Himmel. Himmel ist dort, wo Menschen in der Gemeinschaft Gottes mitspielen, mitleben. Wir können auch sagen: dort, wo Menschen miteinander für Gott Feuer und Flamme sind!

Mutter: Jetzt verstehst du sicher auch, was das Fegfeuer ist. Fegfeuer ist dort, wo sich die Verstorbenen auf den Himmel vorbereiten, wo sie das gemeinsame Spiel einüben, wo sie für die Gemeinschaft mit Gott reif werden. Fegfeuer ist dort, wo Menschen immer mehr für Gott Feuer und Flamme werden!

Kind: Ja, wenn das so ist! Dann ist ja das Fegfeuer gar nicht so schlimm, wie ich immer geglaubt habe. Aber da auf dem Bild – da ist es doch ganz anders! Diese armen Menschen haben ja Schmerzen!

Vater: Das ist ein Bild aus früheren Zeiten. So wie auf diesem Bild haben sich die Menschen früher das Fegfeuer vorgestellt. Heute machen wir uns vom Fegfeuer ein anderes Bild. Wir haben es dir bereits ein wenig nähergebracht.

Mutter: Dieses Bild von früher erschreckt dich; es macht dir Angst. Du brauchst aber keine Angst zu haben: Gott will uns Menschen nicht quälen. Er will uns nicht im Feuer schmoren lassen. Gott will uns vor allem zeigen, wie feurig er uns liebt.

Vater: Und er will, daß wir immer mehr für ihn Feuer und Flamme werden, daß wir schon hier auf Erden für ihn durchs Feuer gehen, daß unsere Liebe zu ihm wie ein Feuer brennt.

Kind: Gott sei Dank! Jetzt habe ich keine Angst mehr. Ich bin
          froh, daß das Fegfeuer nicht so sein wird, wie ich es mir
          bisher vorgestellt habe. Da denke ich nun viel froher an die
          Zukunft der Verstorbenen. Denn nach dem Fegfeuer kommt
          ja der Himmel!
Mutter: Esther, ich bin froh, daß wir heute mit dir über das Fegfeuer
          gesprochen haben.
Vater: Ja, das Fegfeuer ist ein »heißes Eisen«. Deine Mutter und
          ich hatten etwas Angst, mit dir darüber zu sprechen. Jetzt
          aber sehen wir, wie wichtig und gut dieses Gespräch war.
          – Stille –

Johannes Haas

Weiterführung

Fegfeuer: Der Liebeskummer darüber, wie wenig wir eigentlich
geliebt haben.

Siehe auch unter »Familiensonntag«:
1. Brief aus dem Altersheim, S. 36.
2. Die Ausscheidung, S. 40.
Außerdem ist das Sprechspiel »Sterben ist Durchgang zum Leben« gut
geeignet, überraschende Zusammenhänge aufzuzeigen; siehe Willi Hoffsümmer, »77 religiöse Spielszenen für Gottesdienst, Schule und Gruppen«,
Matthias-Grünewald-Verlag, Mainz 1989, S. 166–168.

II. Geschichten als Predigten für Kinder

Festzeiten im Kirchenjahr

Advent

1. Das Bild der tausend Wünsche

Hinführung

Wie lang ist deine Wunschliste zu Weihnachten? Wünschst du dir ganz wichtige Sachen? Es gab eine Zeit in unserem Land – gleich nach dem Zweiten Weltkrieg –, da war alles ganz anders als heute. Hören wir einmal, wie es damals war, damit wir wieder lernen, was wichtige und nicht so wichtige Wünsche sind!
(Beim Vorlesen können »ältere« Prediger auch eigene Erinnerungen von damals einbringen.)

Geschichte

Die Mutter betrachtete ganz versunken den großen Bogen braunes Packpapier. Sie rief die Kinder: »Schaut mal, was ich in dieser alten Schachtel gefunden habe!« Die Kinder schauten neugierig auf das zerknitterte Papier: »Wer hat denn das gemalt? Und auf solchem Papier?«
»Ich«, sagte die Mutter. »Es gab in der ganz schlechten Zeit nach dem Krieg kein besseres Papier.« Und sie begann zu erzählen: »Wochenlang wurden wir damals herumgeschubst, von einem Notquartier ins andere. Niemand wollte uns haben – jemanden mit zwei Kindern. Großmutter lief sich ihre letzten Schuhsohlen ab nach einer Wohnung, nach *einem* Zimmer für uns drei: Kurz vor Weihnachten hatten wir dann eine Stube in einer alten Soldatenbaracke, die wir mit niemandem teilen mußten. Wie froh wir waren! Wir hatten sogar wieder einen eigenen Herd, auf dem Großmutter für uns kochen konnte – wenn sie etwas Kochbares auftrieb und etwas, womit man ein Feuer machen konnte.
Schon am ersten Tag regnete es uns durchs Dach. Irgend jemand nagelte Teerpappe auf die undichten Stellen, doch beim nächsten Regen tropfte es dafür an einer anderen Stelle durch. Großmutter

stellte Büchsen auf, damit es keine Überschwemmung auf dem Fuß-
boden gab. Einmal mußten wir nachts aufstehen und die Betten
verschieben, damit die Decken nicht naß wurden. Und ein andermal,
als ich mittags aus der Schule kam, stand Großmutter mit dem Regenschirm am Herd und kochte. Sie hielt den Schirm in der einen Hand
und mit der anderen hantierte sie an den Töpfen.«

»Ist das wirklich wahr«, lachten die Kinder, »Großmutter kochte
mit dem Regenschirm? Auch an Weihnachten?«

»Ein paar Tage zuvor begann es zu schneien«, fährt die Mutter fort,
»und es wurde bitterkalt. Es zog erbärmlich durch alle Ritzen, und
wir mußten unsere Mäntel anbehalten, wenn wir nicht gar zu jäm-
merlich frieren wollten. Am Morgen des Heiligen Abends hielt meine
Mutter es nicht mehr länger aus. Sie nahm unseren Kohlensack, und
wir zogen los, um Kohlen zu besorgen. Hinter den Baracken standen
amerikanische Kasernen, und dort gab es einen Schuppen, der bis
obenhin voll Kohlen war. Leider stand Tag und Nacht ein Posten
davor. Aber jetzt war uns schon alles egal. Wir warteten, bis der
Posten einmal wegschaute, schlüpften schnell hinein und schaufelten
unseren Sack voll.«

»Was?« riefen die Kinder entsetzt, »Ihr habt Kohlen geklaut am
Heiligen Abend?«

»Ja!« sagte die Mutter. »Und wir hatten noch nicht einmal ein
schlechtes Gewissen dabei – nur Angst, es könnte uns irgend jemand
unsere kostbare Beute wieder abnehmen.

Und am Nachmittag rückte tatsächlich amerikanische Militärpolizei
an und durchsuchte unsere Baracke.«

»Oh!« stöhnten die Kinder und rissen die Augen auf vor Aufregung.

»Niemand wußte, was sie eigentlich suchten. Aber wir dachten
natürlich sofort an die Kohlen. Der Schreck fuhr uns in alle Knochen.
Wo sollten wir sie verstecken in unserer kahlen Stube? Da nahm
Großmutter kurzentschlossen den Sack, warf ihn ins Bett und legte
sich gleich dazu.«

»Was? Großmutter legte sich mit dem Kohlensack ins Bett?«

»Ja! Sie zog die Decke bis ans Kinn, und vor lauter Angst sah sie
tatsächlich sterbenskrank aus, so daß der Amerikaner, der gleich
darauf hineinkam, mit einer Entschuldigung die Tür wieder
zumachte, ohne sich weiter umzusehen.«

»Abends stand auf dem Tisch ein richtiges kleines Weihnachtsbäum-
chen. Großmutter hatte es mit allerlei selbstgebasteltem Schmuck
behängt, und an den Zweigen steckten rote Kerzen. Ich merkte erst

später, daß nur drei davon wirklich brannten, die anderen bestanden aus zusammengerolltem rotem Papier, dem Großmutter oben kleine Wattespitzen aufgesteckt hatte. Es sah ziemlich echt aus.«

»Bekamt ihr keine Geschenke?«

»Doch! Und das war eine ganz große Überraschung für uns, denn wir wußten ja, daß Großmutter kein Geld hatte, um etwas zu kaufen. Zudem gab es ja auch gar nichts zu kaufen. Sie mußte es sich irgendwo erbettelt haben: einen Märklin-Baukasten für Onkel Robert und ein Mäppchen mit Buntstiften für mich. Im Baukasten fehlten zwar ein paar Schrauben, und meine Buntstifte waren verschieden lang, aber mich störte das kein bißchen. Ich freute mich wie ein König.«

»Wirklich?« zweifelten die Kinder. »Aber Buntstifte sind doch nichts Besonderes.«

»Vielleicht – wenn man es gewöhnt ist, welche zu haben!«

»Und sonst hast du nichts bekommen?«

»Nein!«

»O je, das war ein trauriges Weihnachten für dich.«

»Nein, gar nicht! Ich war sehr froh: wir hatten eine warme Stube – das war allein schon eine Freude wert. Und zum Abendessen teilte meine Mutter das Brot einmal nicht zu, sondern wir durften essen, soviel wir wollten. Und wenn ich's recht bedenke, so war da eigentlich alles, was zu Weihnachten gehört: Es war Friede auf Erden. Und Großmutter war da, in deren Liebe ich mich geborgen fühlte, wie sehr auch die ganze Welt durcheinandergeraten war. Und ich hatte meine Buntstifte, die mir mehr Weihnachtsfreude bescherten als manches teure Geschenk, das ich später bekam.«

»Jetzt wirst du gleich sagen, daß Weihnachten damals eigentlich viel schöner war als heute, weil die Kinder sich noch an kleinen Dingen sooo sehr freuen konnten und nicht so maßlose Wünsche hatten wie heutzutage!«

Die Mutter lächelte. »Nein, nein! Jede Zeit hat ihre Wünsche. Meint ihr, wir hatten keine? Ach du meine Güte! Und maßlos waren sie auch. Seht euch nur mein Bild an; ich habe es an jenem Abend mit meinen Buntstiften gemalt. Großmutter mußte mir das größte Blatt geben, das sie hatte. Und darauf malte ich alle meine Wünsche. Den ganzen Abend malte ich, und am Ende war der große Bogen doch noch zu klein.

Großmutter schaute mir zu und nannte mein Gemälde, ›das Bild der tausend Wünsche‹!«

»Und warum hebst du das olle Bild jetzt noch auf?« fragten die Kinder.

»Damit ich mich erinnere«, sagte die Mutter und stand auf.

»Man wird so leicht vergeßlich, wenn es einem gut geht.«

– *Stille* –

Renate Schupp (leicht gekürzt)

Weiterführung

Was meint ihr: Welche Wünsche sind wichtig und welche weniger? (Erarbeiten)

2. Weihnachten in diesem Jahr

Hinführung

Jedes Jahr neu feiern wir Weihnachten, das Fest des Friedens. Aber geht es friedlich zu bei uns zu Hause oder in der Welt?

Ich möchte Euch eine Geschichte von einem Jungen vorlesen, der hat verstanden, um was es an Weihnachten geht. Es ist die Geschichte von Tobias und Hannes.

Geschichte

Drei Tage vor Weihnachten geht es los. Tobias kommt ganz aufgeregt nach Hause: »Mutter, du kennst doch Hannes, den frechen Jungen, der vor kurzem in unsere Klasse gekommen ist? Stell dir vor: Der wollte beim Kaufmann oben in der Privatwohnung einbrechen. Das Fenster war nur eingehakt, er ist an der Dachrinne hochgeklettert und gerade, als er den Riegel lösen wollte, hat einer von innen aufgemacht. Hannes hat eine vor den Kopf bekommen, ist runtergefallen, aufs Pflaster geknallt und hat sich beide Beine gebrochen. Sofort ist der Unfallwagen gekommen, und dann haben sie Hannes ins Krankenhaus gebracht. Den hätten sie lieber gleich ins Gefängnis bringen sollen!«

»Warum denn das?« fragt die Mutter.

»Na, Einbrecher gehören doch ins Gefängnis.«

»Und wer tief heruntergefallen ist und sich beide Beine gebrochen hat, gehört der nicht ins Krankenhaus? Ich finde jedenfalls, der braucht eher einen Arzt als einen Gefängniswärter.«

»Aber der, der lebt doch nur vom Diebstahl.«

»Trotzdem braucht er Hilfe, oder nicht?«

»Na, ich will jedenfalls von dem Gauner nichts wissen«, murmelt Tobias und haut ab. Er ärgert sich, daß Mutter den Hannes verteidigt. Er denkt, wenn ich nur mal einige Kekse oder Pralinen genommen habe, dann gibt es gleich Theater, aber der, der wird noch in Schutz genommen.

Tobias versteht das nicht, aber er hat ja auch noch zwei Tage Zeit, um es besser zu verstehen. Am nächsten Tag sagt die Mutter zu Tobias: »Du könntest eigentlich schon die Krippe herunterholen. Ein Jahr hat sie auf dem Boden gestanden. Sie ist verstaubt und verdreckt.«

So bringt Tobias sie herunter, und dann sagt er zur Mutter: »Oh, die mache ich sauber, die wird ganz glatt poliert und lackiert, und ich schlage sie innen mit Kreppapier aus.« Aber da erhebt die Mutter Einspruch: »Mach mir bloß nicht aus der Krippe ein Himmelbett! Laß sie ruhig so! Dann paßt sie viel besser zu Weihnachten.«

»Ja, aber willst du sie denn so dreckig unter den Tannenbaum stellen?«

»Das will ich, und ich denke mir dabei, daß Christus bei seiner Geburt nicht in eine blitzsaubere Welt gekommen ist, sondern da ging es schön dreckig zu. Die einen haben gestohlen, die anderen verachteten sie. Die einen haben die anderen beneidet, manche haben sich gegenseitig gehaßt, und andere haben arme Menschen hinausgestoßen und keinen Platz für sie gehabt. Morde hat es gegeben, sogar Kindermorde. Es gab auch damals Menschen, die andere verhungern ließen.«

Tobias ist enttäuscht. Er hätte die Krippe viel lieber schön sauber gemacht. So eine schäbige Krippe unter dem Tannenbaum! Er kann sich nicht damit befreunden. Plötzlich fragt die Mutter: »Was macht eigentlich Hannes? Wie geht es ihm?«

»Was geht der mich an? Mit dem will ich nichts zu tun haben.«

»Ja«, sagt die Mutter, »es ist heute noch genauso wie damals«. Auch das kann Tobias nicht recht verstehen. Aber noch bleibt ihm ja ein Tag bis Weihnachten.

Der nächste Tag ist schon der Heilige Abend. Morgens hat Tobias seine elektrische Eisenbahn aufgebaut. Sein kleiner Bruder hilft ihm dabei. Plötzlich gibt es Krach. Heulend kommt Klaus herunter und klagt der Mutter: »Der hat mich rausgeworfen.«

Die Mutter geht nach oben und fragt: »Was ist los?«

Und Tobias erklärt: »Dieser Dussel paßt überhaupt nicht auf und rennt in die Drähte und reißt alles runter. Dieser Idiot, der!«

»Hast du das mit Absicht gemacht, Klaus?«

»Nein, ich habe die Drähte übersehen.«

»Sag mal, Tobias, findest du das nicht sehr grob, wie du deinen Bruder rauswirfst, genauso wie du den Hannes einfach ins Gefängnis werfen wolltest? – Nur gut, daß Gott nicht so mit uns umgeht und uns gleich rauswirft, wenn wir seine Pläne durcheinandergebracht haben.«

Die Mutter geht mit Klaus weg, und Tobias bleibt allein zurück.

»Nur gut, daß Gott nicht mit uns so umgeht und uns gleich rauswirft, wenn wir seine Pläne durcheinandergebracht haben.« Dieser Satz klingt lange in ihm nach. Er kann nicht verstehen, was die Mutter damit gemeint hat. Aber er hat ja noch einige Stunden Zeit.

Am Abend versammelt die Mutter die Familie um die Krippe. Zunächst werden natürlich die Geschenke bestaunt. Dann sagt die Mutter: »So, jetzt wollen wir das Weihnachtsevangelium hören.« Danach fügt die Mutter noch hinzu: »Ihr wundert euch vielleicht, daß unsere Krippe dieses Jahr so aussieht? Aber ich glaube, genauso schäbig ist die Welt, in die Christus hineinkommt. Da gibt es viele Gemeinheiten – und er kommt in Liebe in die Welt. Er will den Menschen helfen, er will sie retten, er will sich ihrer erbarmen. Und Gott will, daß auch wir mit den Menschen so umgehen; dann ist erst richtig Weihnachten. – Tobias, wie geht es eigentlich dem Hannes?«

Und mit einem Male begreift Tobias.

Am nächsten Morgen packt Tobias ein Paket.Er legt ein Buch hinein, eine Tafel Schokolade, einige Nüsse und eine Kerze. Und wie er dabei ist, kommt die Mutter hinzu und fragt: »Was machst du denn da?«

»Ich packe ein Paket.«

»Für wen?«

»Für Hannes.« – *Stille* –

Weiterführung

Für wen müßtest *du* ein Paket packen?

3. Es gibt keine Engel (für Ältere)

Hinführung

Es soll SchülerInnen geben, die haben für das Kind in der Krippe oder für Weihnachten nur noch ein müdes Lächeln übrig. Habt ihr euch schon einmal gefragt: Warum?
Ich lese eine Geschichte vor, die uns dafür etwas die Augen öffnen kann:

Geschichte

Es war die letzte Schulstunde vor den Weihnachtsferien. Herr Duve hatte die Kerzen am Adventskranz angezündet und las seinen Schülern eine Geschichte vor. Sie war etwas seltsam und handelte von einem Engel, der auf die Erde gesandt wurde, um eine Seele zu Gott in den Himmel zu holen. Aber der Engel gehorchte nicht und mußte deshalb viele Jahre auf der Erde unter den Menschen leben.
»Es gibt keine Engel!« – Herr Duve brach mitten im Satz ab. Auch die Jungen und Mädchen vor Hanno drehten sich überrascht zu ihm um. Er war klein und schmächtig und saß in der letzten Reihe.
»Warum sagst du das?« fragt Herr Duve.
»Weil es keine Engel gibt«, antwortete Hanno mit fester Stimme.
»Diese Geschichte hat der russische Dichter Leo Tolstoi geschrieben ...«
»Trotzdem gibt es keine Engel«, beharrte Hanno.
»Ich will mich deswegen nicht streiten, aber vielleicht darf ich die Geschichte jetzt weiterlesen. Wir können uns ja später darüber unterhalten.«
Hanno sah Herrn Duve lange an. »Ich mag keine Geschichten, die nicht wahr sind«, sagte er leise.
Herr Duve überlegte, wie er sich verhalten sollte. Er war mit Hanno immer gut ausgekommen. Die meisten Lehrer mochten ihn nicht.
»Dumm und frech«, sagte Herr Neuber, der Mathematiklehrer, und Frau Schulze nannte ihn einen aufsässigen Bengel. Sie gab Englischunterricht in der Klasse.
»So ein Bursche gehört nicht auf diese Schule«, behauptete der Biologielehrer. Hanno Krüger war wirklich kein guter Schüler. Obwohl er die Klasse wiederholte, galt seine Versetzung wiederum als gefährdet.

»Der Krüger ist faul, das ist alles«, meinte der Chemielehrer.
Im Lehrerzimmer ließen sie kein gutes Haar an dem Jungen, und
Duve wußte nicht, wie er ihn verteidigen sollte. Die Vorwürfe waren
gewiß berechtigt; trotzdem hatte er den Eindruck, seine Kollegen
machten es sich zu einfach.
»Sie scheinen diesen Bengel wohl zu mögen? Wissen Sie, was er gestern
zu mir gesagt hat?« Frau Schulzes Stimme bebte vor Empörung, aber
Duve hatte es nicht hören wollen. Mit ein paar hastig gemurmelten
Entschuldigungen war er aus dem Zimmer gegangen.
Hanno blickte Herrn Duve herausfordernd an. »Ich glaube nicht,
daß dich der Engel an dieser Geschichte stört. Was bedrückt dich,
Hanno? Wir können nach der Stunde darüber sprechen, wenn du
möchtest.« Herr Duve nickte dem Jungen freundlich zu. Hanno
verschränkte die Arme über der Brust und setzte eine trotzige Miene
auf. Seine Mitschüler wurden jetzt unruhig. »Eingebildeter Affe!«
»Immer muß er stören!«
Herr Duve räusperte sich. Als er weiterlas, wurde ihm mehr und
mehr bewußt, was Hanno an dieser Geschichte quälte. »Wovon lebt
der Mensch?« fragt Tolstoi am Anfang seiner Erzählung und läßt
den ungehorsamen Engel Michailo lernen, daß der Mensch von der
Liebe lebt.
Hanno stand auf, nahm seine Schultasche, schob den Stuhl geräusch-
voll unter den Tisch und ging hinaus. Die anderen waren erst sprach-
los, dann aufgebracht.
»Der Krüger kann sich wohl alles erlauben!«
Herr Duve klappte das Buch zu. Es hatte keinen Sinn, die Geschichte
zu Ende zu lesen. Er hob beschwichtigend die Hand. »Hanno hat
sich nicht richtig verhalten. Ich habe ihn trotzdem fortgehen lassen.
Es gibt Geschichten, die sehr wehtun können. Ein Mensch, der
einsam ist, empfindet das besonders schmerzlich.«
Die Jungen und Mädchen sahen Herrn Duve verständnislos an. »Der
Krüger will sich doch nur aufspielen!«
»Und warum tut er das?« fragte Herr Duve, »denkt einmal darüber
nach. Ich weiß nicht, ob wir ihm helfen können. Machen wir jetzt
auch Schluß. Frohe Weihnachten!« Lärmend stürmten sie aus dem
Klassenzimmer. Herr Duve blies die Kerzen des Adventskranzes aus.
Am Nachmittag rief er bei Hannos Vater an. »Herr Krüger, ich hätte
sie gern einen Augenblick gesprochen; nein, nicht am Telefon. Kann
ich zu Ihnen ins Büro kommen?« »Hat der Junge schon wieder
etwas angestellt?

»Nicht der Rede wert. Ich bin gleich bei Ihnen.«

Das Büro lag im dritten Stock eines alten Geschäftshauses. Es wirkte eng und dunkel. Vom Fenster aus blickte man in einen Hinterhof. Herr Krüger bot seinem Gast einen Stuhl neben der Tür an und setzte sich wieder hinter seinen Schreibtisch.

»Da rackert man sich von früh bis spät für die Familie ab, und dieser Bengel macht einem nichts als Scherereien.«

»Lieben sie Ihren Sohn?« fragte Herr Duve.

»Was soll das? Natürlich liebe ich ihn. Ich will doch nur sein Bestes. Aber was macht er? Treibt sich herum, ärgert die Lehrer. Stell' ich ihn zur Rede, gibt er patzige Antworten. Ich weiß nicht, was in den Bengel gefahren ist. So wie es aussieht, muß ich ihn im Sommer von der Schule nehmen.« »Und dann?«

Herr Krüger zuckte die Schultern. »Jeder ist seines Glückes Schmied, das habe ich ihm oft genug gesagt.«

»Was muß Hanno tun, damit Sie ihm Ihre Liebe zeigen?«

»Soll ich ihn für seine Faulheit vielleicht noch belohnen?«

Herr Krüger war jetzt ärgerlich. Er stand auf und ging erregt hinter seinem Schreibtisch auf und ab. Es waren immer nur zwei, drei Schritte, dann mußte er umkehren.

»Ich verstehe nicht, was Sie von mir wollen, Herr Duve.«

»Heute morgen las ich den Schülern eine Geschichte von Leo Tolstoi vor. ›Wovon lebt der Mensch?‹ heißt sie. Vielleicht kennen Sie die Geschichte?«

»Tolstoi? Nein.«

»In der Geschichte erzählt Tolstoi von einem Engel, der lernen soll, daß wir Menschen von der Liebe leben.« »Hm.«

»Alle hörten aufmerksam zu, als Hanno plötzlich sagte: ›Es gibt keine Engel.‹« Krüger warf seinem Gast einen belustigten Blick zu. »Hab' auch noch keinen gesehen.« »Darum ging es auch nicht. Ich bot Hanno an, nach der Stunde mit ihm darüber zu sprechen. Etwas später meinte er: ›Ich mag keine Geschichten, die nicht wahr sind.‹ Und schließlich nahm er seine Sachen und verließ die Klasse.«

»Unverschämt. Ich halte zwar auch nicht viel von solchen Geschichten, aber ...« »Setzen Sie sich doch wieder«, bat Duve.

Krüger nahm gehorsam Platz und trommelte mit den Fingern auf der Schreibtischplatte.

Wenn ich es recht bedenke«, fuhr Duve fort, »wollte Hanno vielleicht sagen: Es gibt keine Liebe!«

Krüger legt die Hand flach auf den Schreibtisch und schwieg. Er wandte den Kopf und blickte aus dem Fenster.

Duve stand auf. »Ich wünsche Ihnen und Ihrer Familie ein frohes Weihnachtsfest«, sagte er leise, ging hinaus und schloß die Tür hinter sich. – *Stille* –

Horst Glameyer

Weiterführung

Ein Mensch, der kaum noch Vertrauen und inneren Frieden erlebt, hat es schwerer, an die Liebe und den Frieden Gottes zu glauben – und an einen Gott, dem er vertrauen soll.

Siehe auch unter Geschichten als Predigten für Erwachsene »Lieber Gott der Reichen«; Advent, S. 11.
Siehe auch unter Geschichten als Predigten für Kinder »Der Frauensand«; Erntedank, S. 108.

Familiensonntag

Das Miststück

Hinführung

Manchmal treffen wir auf Kinder in der Klasse, die fallen irgendwie auf, sie sind ganz anders: so laut oder frech oder brutal. Hast du dich schon einmal gefragt, woher das kommt? Ich lese euch eine Geschichte vor, die uns »hinter die Kulissen« schauen läßt.

Geschichte

Als der Vater noch bei ihnen wohnte, hatte die Mutter in der Fabrik gearbeitet. Dann war der Vater immer öfter zu einer anderen Frau gegangen, und schließlich blieb er ganz bei ihr und heiratete sie.

Seitdem war die Mutter immer zu Hause. Sie sagte zu Peter und Wilma: »Ich bin krank. Ich kann nicht mehr arbeiten gehen.«

Aber am Abend ging sie oft in die Wirtschaft oder zu den Nachbarn, und wenn sie dann nach Hause kam, machte sie Lärm im Treppenhaus. Sie redete laut mit sich selbst, sie schimpfte auf den Vater, weil er nicht genug Geld schickte und weil er die andere Frau geheiratet hatte. Die Leute im Haus wurden wach davon. Sie rissen die Türen auf und riefen: »Bist du schon wieder besoffen, du Miststück? Halt die Klappe! Wir wollen schlafen!«

Und es gab jedesmal Streit.

Davon wurde Peter oft wach. Er hörte zu, bis die Mutter die Wohnungstür zuknallte, er zog sich die Decke über den Kopf und weinte.

Wilma schlief immer so fest, sie hörte nichts. Peter war froh darüber. Wilma brauchte das alles nicht zu wissen, sie war doch erst sechs Jahre alt.

Manchmal kam die Mutter nachts noch zu ihnen ins Zimmer. Dann merkte sie, daß Peter weinte, und sie setzte sich auf sein Bett und weinte auch.

»Ich tu's nicht mehr«, flüsterte sie dann. »Warum kann ich denn nicht aufhören damit? Aber ich tu's nicht mehr, nie mehr, das verspreche ich dir.«

Manchmal war dann wirklich eine Zeitlang alles gut. Die Mutter blieb abends zu Hause, sie suchte sich wieder Arbeit, sie sparte und kaufte den Kindern neue Kleider und Schuhe. Einmal schaffte sie sogar ein Auto an, aber das wurde bald wieder abgeholt, weil die Raten nicht bezahlt waren.

Denn die gute Zeit dauerte nie lange. Dann ging die Mutter wieder jeden Abend fort, in der Fabrik wurde ihr gekündigt, die schlechte Zeit fing wieder an.

Wenn die Kinder morgens aufstehen mußten, schlief die Mutter noch. Peter machte das Frühstück.

Manchmal ging er nicht mit Wilma in die Schule. Dann sagte er: »Wir haben Turnen, ich muß zum Sportplatz.« Er ging aber nicht zum Sportplatz, er ging zur Markthalle. Den Leuten dort sagte er: »Wir haben heute keine Schule.«

Sie ließen ihn dann die leeren Kisten stapeln, und er fegte die Abfälle in der Halle zusammen. Dafür gaben die Leute ihm Obst und Gemüse oder etwas Geld. Das Obst aß er immer gleich auf, das Gemüse brachte er nach Hause. Die Mutter merkte nichts davon, sie schlief oft bis zum Nachmittag.

Bis Wilma aus der Schule kam, lief Peter dann durch die Straßen und sah sich die Läden an, oder er fuhr im Kaufhaus mit der Rolltreppe. Wenn es regnete, blieb er zu Hause. Dann räumte er die Wohnung auf. Er hatte es gern ordentlich, so wie früher am Sonntagnachmittag, wenn die Tante zu Besuch kam oder der Opa. Der Opa war gestorben, und die Tante kam nicht mehr.

Mittags kochten Peter und Wilma. Peter machte eine Soße aus Hackfleisch oder eine Soße aus Speck und Zwiebeln, oder er kochte das Gemüse aus der Markthalle. Wilma schälte die Kartoffeln. Das konnte sie schon. Meistens aßen die Kinder allein, die Mutter wärmte sich das Essen später auf.

Sie sagte: »Ihr seid gute Kinder! Ich bin krank, ich habe solche Kopfschmerzen!«

Peter wußte, daß die Kopfschmerzen nur vom Schnapstrinken kamen. Aber er sagte nichts. Nachmittags saß die Mutter in der Küche und las Bücher aus der Leihbücherei. Dann machte sie das Abendessen, und sie kümmerte sich auch um die Wäsche, ehe sie wieder fortging. Beim Abendessen erzählte sie den Kindern oft, was sie gelesen hatte. Das war fast so schön wie Fernsehen. Sie konnte gut erzählen, und es waren richtige Geschichten von Erwachsenen, Liebesgeschichten und Abenteuer.

Peter konnte nicht gut lesen. Er wunderte sich, daß die Mutter es so gern tat. Später erzählte er die Geschichten den Kindern auf der Straße, und er sagte zu ihnen: »Meine Mutter ist klug!« Wenn dann einer grinste, wurde er von Peter verhauen. Peter schwänzte immer öfter die Schule. Zur Lehrerin sagte er am nächsten Tag: »Meine Mutter war krank!«

Eines Tages schrieb die Lehrerin der Mutter einen Brief. Peter wußte nichts davon. Als der Brief zu Hause ankam, war er in der Schule. Sie spielten in der Pause Völkerball, ein paar von den großen Mädchen waren auch dabei. Peter hatte gerade den Ball, da rannte Wilma zu ihm und rief: »Die Mama! Peter, die Mama ist da!«

Die Mutter stand am Hoftor, sie redete mit dem Hausmeister. Ihr Gesicht war rot und geschwollen, ihre Augen glänzten. Ihr Mantel war schief zugeknöpft, und die Haare hingen ihr strähnig um den Kopf.

Peter sah sofort, was mit ihr war. Sie hatte wieder Schnaps getrunken, schon am frühen Morgen!

Er fragte Wilma: »Wo ist die Mama? Ich sehe sie nicht.«

»Da, am Tor!« rief Wilma. »Komm mit!«

Sie wollte zum Tor laufen, aber Peter hielt sie fest. Er sagte: »Das ist nicht unsere Mama. Das ist eine fremde Frau.«

Er sagte das, weil die anderen aus seiner Klasse dabei waren und die großen Mädchen. Die Lehrerin stand im Lehrerzimmer am offenen Fenster. Sie hatte eine Kaffeetasse in der Hand. Die Mutter ging dorthin, sie stellt sich vor das Fenster und schimpfte.

Sie schrie: »Was haben Sie gegen meine Kinder? Ich lasse mir das nicht gefallen! Ich bin eine kranke Frau, ich lasse mir das nicht gefallen!«

Sie schwankte und mußte sich an der Mauer festhalten. Alle Kinder auf dem Schulhof sahen sie und hörten zu und lachten.

Wilma fing an zu weinen, darum konnte Peter nicht verstehen, was die Lehrerin der Mutter antwortete.

Der Hausmeister kam zu Peter. Er sagte: »Bring sie weg. Sie ist voll, das merkst du doch wohl? Deine Lehrerin hat gesagt, daß du sie rausbringen sollst, auf die Straße. Schick sie nach Hause!«

Peter ging zur Mutter. Sie schimpfte immer noch. Er packte ihren Arm und zerrte sie zum Schultor. Fast wäre sie hingefallen. Er gab ihr einen Stoß, er schrie sie an: »Du Miststück!« schrie er. »Du verdammtes Miststück!«

Er merkte, wie sie sich Mühe gab, geradeaus zu gehen. Er sah sich um.

Da standen sie alle noch: Die Kinder, die Lehrerin, der Hausmeister und die heulende Wilma.

Peter rannte zu ihr. Er nahm ihre Hand und sagte: »Komm, wir bringen sie nach Hause.«

Er fragte die Lehrerin nicht, er lief mit Wilma hinter der Mutter her. Danach ging Peter nicht mehr zur Schule, bis die Mutter in ein Heim kam. Sie wollten ihr dort das Trinken abgewöhnen. Sechs Wochen sollte sie fortbleiben. Sie blieb sechs Monate. Jetzt wußte Peter, daß ihr Trinken wirklich eine Krankheit war.

In dieser Zeit wohnten die Kinder bei der Tante. Ihre Wohnung war immer so ordentlich, als wäre Sonntag. Peter fand das jetzt nicht mehr schön. Wenn die Kinder vom Spielen kamen, mußten sie ihre Schuhe vor der Tür ausziehen.

Der Onkel sagte oft: »Ihr könnt uns dankbar sein! Wir haben euch aus dem Dreck geholt!«

Peter wurde wütend, wenn er das sagte.

Aber sonst war der Onkel ganz nett. Die Kinder durften abends mit ihm fernsehen, und er nahm Peter mit zum Fußballplatz.

Die Mutter schrieb einen Brief. Sie schrieb: »Wenn ich nach Hause komme, wird alles anders. Ich arbeite dann immer und sorge richtig für Euch. Wir kaufen auch wieder ein Auto, und ich bleibe abends bei Euch.«

Endlich kam sie zurück, und alles wurde wirklich so, wie sie geschrieben hatte. Aber nur ein Jahr lang. Dann trank sie wieder Schnaps, und alles war wie früher: gute Zeiten und schlechte Zeiten. Peter war unglücklich.

Aber er schwänzte nicht mehr so oft die Schule. Die Lehrerin sollte nicht wieder an die Mutter schreiben. Und wenn sie abends in die Wirtschaft ging, blieb er wach, bis er sie zurückkommen hörte. Dann holte er sie unten an der Haustür ab. Es sollte keinen Lärm im Treppenhaus geben, nie wieder sollte jemand »Miststück« zu seiner Mutter sagen. – *Stille* –

Ursula Wölfel

Weiterführung

Wißt Ihr jetzt, was Ihr für eine Mutter habt? – Müssen wir aber *solchen* Kindern nicht verständnisvoll begegnen, damit sie sich wenigstens etwas bei uns wohlfühlen?

Im angegebenen Buch von Ursula Wölfel finden sich noch mehrere eindrucksvolle Geschichten, die die Familie oder die Umgebung einfühlsam »durchleuchten«.

Fastenzeit

Das Kind mit den großen Händen (Misereor)
(Die Versuchung, immer mehr haben zu wollen: Mt 4,1–11: 1. Fastensonntag, Lesejahr A; Lk 4,1–13: 1. Fastensonntag, Lesejahr C)

Hinführung

Kannst du geben und schenken, oder hältst du immer die Hand auf? Ja, ist deine Hand vielleicht schon ganz groß geworden vom vielen Nehmen? Dann höre bei der folgenden Geschichte gut zu!

Geschichte

Es war einmal ein Kind, dem mangelte es an nichts. Was es sich auch wünschte und wonach es verlangte – die Eltern trachteten, es ihm zu erfüllen. Denn sie sagten sich: Unser Kind soll es einmal besser haben als wir. Sie stammten aus armem Hause und hatten die Not hautnah zu spüren bekommen. Dank des Fleißes des Vaters und der Opferbereitschaft der Mutter hatten sie es zu einem gewissen Wohlstand, ja, bescheidenen Reichtum gebracht, und davon gaben sie ihrem Kind, wann immer es einen Wunsch äußerte.

Das Kind hatte viele Wünsche. Wenn es mit den Eltern durch die Straßen der Stadt ging und in den Schaufenstern die köstlichen Süßigkeiten und schönen Spielsachen sah, streckte es seine Hand aus und sagte nur: »Dies!« oder »Das!« Und schon betraten Vater oder Mutter den Laden, um das Gewünschte zu kaufen. In seinem Kinderzimmer war bald kein Platz mehr für die vielen erfüllten Wünsche.

Das ging so manches Jahr. Das Kind wuchs heran, aber schneller als seine Gestalt wuchsen seine Hände. Ja, sie schienen gleichsam in einen Wettlauf des Wachsens getreten zu sein. Schließlich vergrößerten sie sich von Tag zu Tag um einen Millimeter; man kann sich leicht ausrechnen, wieviel sie von Monat zu Monat an Größe zunahmen. Es dauerte nicht lange, da berührten die Fingerspitzen die Kniekehlen, und bald konnte das Kind seine Schuhe im Stehen öffnen.

Die Eltern waren über die Entwicklung ihres Kindes recht besorgt. Sie suchten einen Arzt nach dem anderen auf, um sich raten zu lassen. Die Ärzte untersuchten das Kind von Kopf bis zu den Füßen, aber keiner konnte die Ursache des schnellen Wachstums erklären.

Die Leute in den Straßen blickten verwundert auf das Kind mit den großen Händen, manche starrten ihm nach, und einige lachten sogar. So große Kinderhände hatte bisher niemand von ihnen gesehen. Das Kind schämte sich seiner gewaltigen Gliedmaßen, es hielt die Hände oft auf dem Rücken verschränkt, damit sie niemand sähe, und nur wenn es einen Wunsch hatte, sich ein Spielzeug oder irgendeine Süßigkeit wünschte, nahm es die rechte Hand nach vorn und zeigte: »Dies!« oder »Das!«

Schließlich kam das Kind in ein Krankenhaus, wo es viele Wochen zubringen mußte. Die Ärzte beobachteten das Wachstum seiner

Hände, forschten und stellten Versuche an, jedoch die Ursache des Leidens entdeckten sie nicht. Seltsamerweise kam aber das ungewöhnliche Wachsen mit der Zeit zum Stillstand, ohne daß sich ein erkennbarer Grund dafür abgezeichnet hätte. Kaum war das Kind jedoch aus dem Krankenhaus entlassen und wieder mit seinem gewohnten Tagesablauf vertraut, da begann wieder das unerklärliche Zerren in den Gliedmaßen, das Dehnen und Strecken, für das niemand eine Erklärung finden konnte. Handfläche und Fingerspitzen reichten nun fast auf den Erdboden hinab, und das Kind mußte achtgeben, sie beim Gehen nicht zu verletzen. Die besorgten Eltern wußten sich keinen Rat mehr, und in ihrer Verzweiflung fuhren sie zu einem alten, weisen Mann, der weit von der Stadt entfernt am Rande eines kleinen Dorfes lebte.

Der Weise hörte sich die Geschichte von den rasch wachsenden Händen genau an und dachte lange darüber nach. Schließlich sagte er: »Die Wurzel allen Übels und aller Krankheit liegt im Menschen selbst. Euer Kind hat etwas sehr Wesentliches nicht gelernt, und vielleicht ist es überhaupt das Wichtigste, was ein Mensch lernen kann: das Geben! Es hat eine Unzahl von Wünschen ausgesprochen und daher immer nur genommen. Je größer und zahlreicher seine Wünsche wurden, um so schneller sind seine Hände gewachsen. Wie große schöpfende Schalen sehen sie nun aus. Aber es sind Gefäße, die nur nehmen und nicht geben können, die gierig raffen und nicht verteilen. Ihr habt eurem Kind viel geschenkt – aber das Wichtigste versäumt. Es muß nachholen, was ihr ihm zu vermitteln nicht imstande wart.«

Darauf sagten die Eltern: »Aber wir haben doch immer das Beste für unser Kind gewollt. Unser Kind sollte es einmal besser haben als wir in unseren Kindertagen.«

»Wer das Leben lehrt, muß auch seine Not lehren und die Hilfe, die andere nötig haben«, entgegnete der Weise. »Habt ihr nicht beides in jungen Jahren erfahren?«

Und der Weise blickte die Eltern lange nachdenklich an, und seine Augen wurden schwer vor Traurigkeit. Endlich fuhr er fort: »In dem Maße, wie euer Kind lernt zu geben, werden seine Hände ihre Unförmigkeit verlieren und wieder klein und demütig werden. Denn Demut ist ›Dien-Mut‹, das heißt: Mut zu dienen – und gibt es eine schönere Aufgabe für Hände als diese?«

Jetzt geht durch die Stadt und achtet auf Menschen, die ihre Hände verborgen halten und sie verstecken, weil sie zu groß geworden sind.

Oder besser: Betrachtet eure eigenen Hände, ob sie nicht ein klein
wenig zu groß geraten sind ... –Stille –

Hermann Multhaupt

Weiterführung

Keiner braucht jetzt seine Hände zu verstecken ... Aber ich möchte
euch vom Schenken überzeugen ... (jetzt kann das Opferkästchen
von Misereor oder Adveniat oder sonst eine Aktion vorgestellt werden).

Siehe in diesem Buch auch bei den Geschichten für Erwachsene und Kinder
unter »Advent«.
Ähnlich brauchbar: Michael Ende, »Der Wunsch aller Wünsche«, in: Die
Stadt der Kinder, hg. von Hans-Joachim Gelberg, Georg Bitter Verlag, Recklinghausen 1969.

Ostern

Gut geeignet für Kinder ist die Geschichte von Gudrun Pausewang »Die Heimkehr«: Zu Ostern kehrt der ersehnte Vater
zurück, der nach Eheschwierigkeiten ausgezogen war. In der Ver-
söhnung liegt die Erlösung für Nina und ein Neuanfang für die
ganze Familie. Siehe »Vorlesebuch Religion 2«, hg. von D. Stein-
wede und S. Ruprecht, Ernst Kaufmann Verlag, Lahr/Vanden-
hoeck & Ruprecht, Göttingen/Benziger Verlag, Zürich und Köln,
S. 256–259.

Christi Himmelfahrt

Die Geschichte »Ich gehe euch voraus« erzählt die Arbeitssuche
eines Vaters, der schließlich in eine andere Stadt vorauszieht. Er
bereitet alles für die Familie vor, die nachkommen wird. Diese Erzäh-

lung von Renate Günzel-Horatz in »Geschichten zum Kirchenjahr«, Patmos Verlag, Düsseldorf 1984, S. 74–81, eignet sich gut, um das Festgeheimnis klarer zu machen. Auch abgedruckt in: Kindermeß-börse Nr. 87–1, S. 21–23.

Sonntage im Jahreskreis

Liebe/Nächstenliebe

1. Die versteinerte Prinzessin (für Ältere)
(Mt 7,12: Goldene Regel; Mt 22,35–40, Mk 12,28–31, Lk 10,25–28:
Hauptgebot)

Hinführung

Solange du immer nur die Frage stellst »Wer bin ich?«, stehst du in
der Gefahr, dich bewundern zu lassen, langsam zu versteinern und
sehr einsam zu werden. Wenn wir uns aber durchringen zu der Frage
»Wer bist du?«, werden wir fähig, den anderen zu lieben und wirklich
zu leben. Dieses Geheimnis der Abkehr oder Zuwendung, des Egoismus oder der Nächstenliebe (nicht der Selbstliebe, die jeder braucht!)
– eine lebenslange Aufgabe – will uns folgende Geschichte durchsich-
tiger machen:

Geschichte

Die Geschichte von der versteinerten Prinzessin und dem Steinmetz,
der sie erlöste, ist eine Geschichte, die uns allen auch hätte geschehen
können.
Wie viele sehnte sich die Prinzessin nach einem Gefährten und
träumte von einem Märchenprinzen. Weil die Prinzessin schön und
klug war und dazu in einem Schloß wohnte, fehlte es nicht an Freiern.
Sie empfing sie, mit der Krone auf dem Kopf, in einem Saal auf
einem goldenen Thron. Sie stellte jedem, der sich um ihre Gunst
bemühte, nur eine Frage: *Wer bin ich?* Aber keiner vermochte ihr
eine richtige Antwort zu geben. Aus Angst, sich selbst zu verraten,
blieb sie unbeweglich auf ihrem Thron sitzen. Sie setzte ein Lächeln
auf ihre Lippen und schwieg.
Die jungen Männer wurden es bald müde, sie zu bewundern und
dachten am Ende, die Prinzessin sei nichts anderes als eine lebende
Puppe. Je mehr Freier wieder davongingen, um so öfter träumte sie
von einem Märchenprinzen. Und je länger sie auf ihn wartete, um

so weniger rührte sie sich. Ohne daß sie es merkte, wurden ihre
Füße zu Stein, dann auch die Beine, dann der Körper, dann die Arme
und Hände und zuletzt auch das Lächeln auf ihren Lippen. Außer
dem Vater und der Mutter trauerte niemand um sie. Der König und
die Königin stellten ihr versteinertes Kind an den Rand eines alten
Brunnens und weinten. Aber als sie sahen, daß sich Vögel auf seine
Schultern setzten, Eichhörnchen an ihm emporkletterten und Kinder
zu seinen Füßen spielten, trösteten sie sich.
Nach einer Zeit kam aus einem fernen Land ein Steinmetz daher.
Er sehnte sich nach einer Frau. Doch seine Suche war bisher vergeblich geblieben. Müde und durstig stieg er von seinem Pferd und
setzte sich an den Brunnen. Da sah er die versteinerte Prinzessin
und erschrak. Er konnte den Blick nicht mehr von ihr wenden. Er
fuhr mit den Händen über ihren Körper, über ihr Haar, über ihre
Lippen und fragte sie sogar nach ihrem Namen. Aber weder seine
Worte noch seine Zärtlichkeit konnten sie lebendig machen.
Da ging er aufs Schloß zum König und zur Königin und bat sie,
ihm die Brunnenfigur zu verkaufen. Der König und die Königin
schüttelten den Kopf und wollten ihm die versteinerte Prinzessin
auch um alles Geld, das der Steinmetz für sie bot, nicht geben.
Da ließ sich der Steinmetz am Brunnen nieder. Weder Hitze noch
Frost, weder Schnee noch Regen vermochten ihn zu vertreiben. Je
länger er die versteinerte Prinzessin betrachtete, um so mehr begehrte
er sie. Weil er sich nicht mehr richtig ernährte und auch keinen
Schlaf mehr fand, wurde er krank. Der König und die Königin, die
ihn von einem Fenster aus beobachteten, fürchteten endlich um sein
Leben. Sie empfanden Mitleid und beschlossen, ihm die versteinerte
Prinzessin zu schenken, ohne aber ihr Geheimnis zu verraten.
Der Steinmetz lud die Brunnenfigur auf einen Wagen, spannte sein
Pferd davor und kehrte nach Hause zurück. Er beschloß, die versteinerte Prinzessin in seiner Werkstatt aufzustellen und die Suche nach
einer Frau aufzugeben. Aber die versteinerte Prinzessin war so
schwer, daß der Wagen unterwegs zusammenbrach. Die Prinzessin
rollte auf die Erde und fiel in zwei Stücke. Der Steinmetz war traurig
über das Unglück. Doch nach einer Weile flickte er den Wagen, hob
die beiden Stücke der versteinerten Prinzessin auf, fügte sie sorgfältig
zusammen und fuhr weiter.
Doch auf einmal spürte er, daß das Gewicht auf seinem Wagen immer
leichter wurde. Er drehte sich um und erlebte, wie die versteinerte
Prinzessin langsam zum Leben erwachte, zuerst die Füße, dann die

Beine, dann der Körper, dann die Arme und Hände und zuletzt auch das Lächeln auf ihren Lippen. Als sie die Augen aufschlug und seinem Blick begegnete, fragte sie zum erstenmal und voller Staunen: *Wer bist du?* – Und weil diese Frage, die sie sich gegenseitig stellten, schwer zu beantworten war und viel Zeit brauchte, heirateten sie und wurden glücklich.

Vor dem Schloß aber, am Rande des alten Brunnens, steht heute noch eine steinerne Prinzessin, an der die Eichhörnchen emporklettern und zu deren Füßen Kinder spielen. Der Steinmetz hat sie nach seiner lebendigen Frau aus einem Stein herausgemeißelt.

Max Bolliger

Weiterführung

Frage an uns selbst: Wenden sich andere Menschen von mir ab, weil ich zu sehr mit mir selbst beschäftigt bin und langsam versteinere? – Oder wende ich mich anderen zu und lasse auftauen?

2. Der Blick der Liebe (für Ältere)
(Mk 10,41–45: 29. So. i.J., Lesejahr B)

Hinführung

Haben dich folgende Vergleiche auch schon genervt: Wer von uns ist der/die Schönste, der/die Schlaueste ...? Schaust du öfter in den Spiegel und fragst dich: Gefalle ich mir, gefalle ich anderen? Ist *das* entscheidend wichtig? Ich lese euch eine Geschichte vor, die uns weiterbringt:

Geschichte

Eines Tages kamen die Blumen zusammen, um die Schönste unter ihnen als Königin zu krönen. Aus Feldern und Wäldern, Wiesen und Gärten, Bergen und Tälern strömten sie herbei.

»Es ist doch wohl klar«, bemerkte die Rose stolz, »daß mir der Ruhm der Königskrone gebührt. Von allen werde ich am meisten bewundert und sogar als Symbol der Liebe verehrt.«

»Eingebildete Ziege!« empörte sich die Gladiole. »Schau mich doch an! Keine von euch ist so hochgewachsen, und keine hat so viele leuchtende Blüten wie ich. Keine Frage – ich bin die Schönste! Ich muß Königin werden!«

»Moment mal!« meldete sich das reine Stimmchen des Schneeglöckchens. »Ich bin zwar längst nicht so groß wie du, dafür bin ich die erste Blume nach dem langen, traurigen Winter. Man nennt mich ›Frühlingsbote‹, und die Menschen halten sehnsüchtig Ausschau nach mir. Wählt mich zur Königin!«

»Daß ich nicht lache!« ereiferte sich daraufhin die Schlüsselblume. »Von meiner Art gibt es nur noch ganz wenige. Ich stehe unter Naturschutz! Alles, was selten ist, ist schön!«

»Schaut her!« rief das Edelweiß mit samtweicher Stimme. »Meine Lebensbedingungen sind beschwerlich. Auf kärglicher, steiniger Erde wachse ich hoch in den Bergen. Trotzdem habe ich mich zu einem wunderschönen Stern entwickelt, zart und glänzend wie Samt. Schönheit und Bescheidenheit strahle ich aus!«

»Vor allem Bescheidenheit!« lästerte das Vergißmeinnicht. »Jeder, der mich anschaut, ist von meiner Schönheit so gefangen, daß er mich nie mehr vergessen kann. Nicht umsonst trage ich diesen edlen Namen!«

So stritten die Blumen und steigerten sich mehr und mehr in die Darstellung ihrer eigenen Vorzüge hinein.

Ein wenig abseits stehend, hatte eine Silberdistel diese heftige Diskussion mitverfolgt. Nachdenklich hatte sie ab und zu ihren Kopf geschüttelt. »Nun meldete sie sich zu Wort: »Wißt ihr überhaupt, was Schönheit ist?«»Du!« fielen die anderen Blumen über sie her, »ausgerechnet du willst uns etwas über Schönheit erzählen? Wie kannst du es überhaupt wagen, dich als Blume zu bezeichnen?« schnauzte die Rose sie an und wurde vor Zorn noch roter. »Du stacheliges Etwas! Das bißchen Silber, das du an deiner sogenannten Blüte trägst, täuscht nicht darüber hinweg, daß du eine Distel bist. Du kannst dich nicht einmal deiner Größe rühmen!«

»Laß sie doch, sie kann doch nichts dafür«, versuchte das Schneeglöckchen zu vermitteln. Ihm tat die Silberdistel plötzlich leid. Auch einige andere Blumen ergriffen – angesichts der Taktlosigkeit der Rose – jetzt Partei für die bedauernswerte Pflanze.

»Schon gut, schon gut«, wehrte die Silberdistel lächelnd ab. Zur Rose gewandt, sagte sie: »Deine harten Worte können mich nicht treffen, denn ich *weiß*, daß ich schön bin.« Ihr Gesicht hellte sich auf, als sie fortfuhr: »So manches Mal habe ich früher gejammert und mir nichts sehnlicher gewünscht, als in dein Kleid schlüpfen zu können. Oder ich wollte im bunten Reigen der Kornblumen und des roten Mohns tanzen oder mich als Pusteblume vom sanften Wind davontragen lassen, schwerelos und frei. Aber ich war eben nur eine Distel, schwerfällig, farblos und voller Stacheln, bis zu dem Tag, an dem ich schön wurde.« Die anderen Blumen staunten nur.

»Ja, ihr habt richtig gehört: Schön *ist* man nicht, schön *wird* man! Es war ein herrlicher Sommertag, doch ich hatte keinen Blick für den blauen Himmel. Nicht einmal die Wärme der Sonnenstrahlen habe ich gespürt, vor lauter Kummer und Selbstmitleid. Da drangen von fern Kinderstimmen an mein Ohr, frohe, unbeschwerte Stimmen. Das machte mich noch trauriger. Sie kamen immer näher, und plötzlich hörte ich die aufgeregte Stimme eines kleinen Mädchens: ›Schaut mal diese Blume da! So eine schöne habe ich noch nie gesehen!‹ Eifersüchtig schaute ich mich um, doch weit und breit war keine andere Blume zu sehen. *Ich* kann doch nicht gemeint sein, dachte ich und lugte ganz vorsichtig nach oben. Was ich sah, war wunderbar: Ein strahlendes Kindergesicht, leuchtende Augen. Diesen staunenden, liebevollen Blick werde ich nie mehr vergessen. Seither weiß ich, daß Schönheit nichts mit einem schlanken, hohen Wuchs, nichts mit der Farbe und dem Aussehen, ja nicht einmal etwas mit Nützlichkeit zu tun hat. Jeder ist schön, den ein Blick der Liebe trifft.«

Atemlos hatten die Blumen zugehört. Nun standen sie da, beschämt, mit gesenkten Köpfen. »Ich glaube«, hauchte das Edelweiß verlegen, »wir brauchen keine Schönheitskönigin.« Und die Rose stotterte ein kurzes »Verzeih mir ...!«

Lieselotte Bindels

Weiterführung

Hat dich schon ein Blick der Liebe getroffen – egal wie du bist? Ja, frag dich ehrlich: Wer liebt dich?
Du bist schon allein deshalb schön, weil Gott dich liebt!

3. Die Zwillingshexen
(Mk 1,29–39: 5. So. i.J., Lesejahr B)

Hinführung

Wie liebevoll Jesus mit der Schwiegermutter des Petrus umging! Habt ihr schon einmal erlebt, wie frech Kinder zu älteren Leuten sein können? (Erzählen lassen!) Ich lese euch dazu eine Geschichte vor:

Geschichte

Es war in einer kleinen Stadt. In einem Haus an der Hauptstraße wohnten zwei alte Frauen. Sie waren Zwillingsschwestern. Auf der Straße sah man sie nur mit großen Männerschirmen, die brauchten sie als Stütze beim Gehen. Ihre Rücken waren schwach und krumm.

Sie hießen Martha und Hermine, aber die Leute in der Stadt nannten sie nur: »Die Fräuleins«, weil sie beide keinen Mann und keine Kinder hatten.

Die Leute sagten auch: »Das sind zwei alte Klatschbasen.« Denn die beiden alten Frauen hatten ein langweiliges Leben, darum wollten sie immer gern wissen, was andere Leute taten oder erlebten. Das kann man verstehen. Zum Einkaufen ging jede von ihnen in einen anderen Laden. Martha kaufte im Laden an der Ecke ein, und Hermine ging in den Laden am Postplatz. Wenn sie dann nach Hause kamen, hatte jede von ihnen etwas anderes zu erzählen. Sie wußten immer, welche Frau ein Kind erwartete, wer ein Haus bauen wollte, wer im Lotto gewonnen hatte und wer krank oder gestorben war.

Nachmittags saßen die Schwestern oft an einem Fenster zur Straße. Sie sahen, wer ein neues Auto oder einen neuen Mantel hatte, wer seine Gardinen zum Waschen abnahm und welches Mädchen mit welchem Mann spazieren ging. Über all das unterhielten sie sich dann. Aber Klatschbasen waren sie nicht. Mit wem sollten sie denn reden? Niemand besuchte sie. Alle ihre Freunde und Verwandten in der Stadt waren schon tot.

Am liebsten sahen Martha und Hermine den Kindern beim Spielen zu. Dann sagten sie: »Ja, ja, so haben wir auch mit dem Ball gespielt! Das konnten wir gut!«

Oder sie sagten: »Diese Mädchen da von gegenüber, die Katrin und die Renate, die sind wirklich nett. Schade, daß sie nicht Zwillinge sind wie wir!«

Und sie überlegten, ob sie die Mädchen nicht einmal einladen sollten. Sie hatten doch noch ihr altes Puppenhaus. Bestimmt würden Katrin und Renate gern damit spielen.

Eines Tages riefen sie die Mädchen ins Haus. »Das ist schön, daß ihr uns besucht!« sagte Martha. »Mögt ihr Bonbons?« fragte Hermine. Die Bonbons waren in einer Porzellandose, sie standen schon lange im Schrank, und jetzt waren sie klebrig.

»Nehmt doch! Nehmt doch!« rief Hermine.

Und Martha sagte: »Ihr müßt auch noch unser schönes Puppenhaus sehen. Im Hinterzimmer steht es.«

Aber Renate sagte: »Wir haben keine Zeit, wir müssen noch Schulaufgaben machen.«

Und Katrin rief schnell: »Auf Wiedersehen!«

Schon liefen die Mädchen wieder fort.

»Sie sind schüchtern«, sagte Hermine. Martha sah aus dem Fenster, und sie sah, wie Katrin und Renate die Bonbons in den Rinnstein spuckten.

»Probier mal die Bonbons«, sagte sie zu Hermine, »schmecken sie schlecht?«

Sie nahmen beide ein Bonbon, sie lutschten eine Weile, und dann sagte Hermine: »Sie schmecken gut. Sie sind so schön weich.«

»Aber die Mädchen haben sie ausgespuckt«, sagte Martha.

»Ich glaube, die Kinder mögen jetzt lieber Kaugummi«, sagte Hermine.

Am nächsten Tag kauften sie Kaugummi. Sie warteten am Fenster, bis sie die Mädchen sahen, dann winkten sie und riefen: »Wollt ihr heraufkommen? Heute haben wir Kaugummi für euch!«

»Wir müssen unserer Mutter im Garten helfen!« rief Katrin, und die Mädchen liefen weg.

Hermine sagte: »Kaugummi ist wohl mehr etwas für Jungen. Wir wollen Eis besorgen.«

Also kauften sie zwei Päckchen Eis in Goldpapier, die legten sie auf die Kellertreppe, weil sie keinen Kühlschrank hatten. Dann warteten sie wieder, bis sie die Mädchen sahen.

»Wir haben Eis für euch, Erdbeereis!« rief Martha. »Kommt schnell!«

Aber die Mädchen taten so, als hätten sie nichts gehört, sie liefen einfach weiter.

»Ich glaube, sie kommen nicht gern zu uns«, sagte Martha und machte das Fenster wieder zu.

»Nein, nein. Du hast nur nicht laut genug gerufen«, sagte Hermine. In der nächsten Zeit sahen sie etwas Merkwürdiges: Immer, wenn Katrin und Renate am Haus vorbei kamen, schlichen sie ganz dicht an der Mauer entlang, und sie flüsterten dabei und schielten nach oben zum Fenster.

»Vielleicht ist das ein Spiel«, sagte Hermine. »Wir wollen sie fragen.«

Und als sie Katrin im Laden am Postplatz traf, fragte sie: »Warum schleicht ihr immer so an unserem Haus entlang? Ist das ein Spiel?«

»Wir?« fragte Katrin. »Ach, nur so.« Sie sah erschrocken aus.
Und dann sagte sie: »Aber das können Sie doch gar nicht sehen,
wenn Sie das Fenster nicht aufmachen, wenn Sie sich nicht her-
ausbeugen!«

Die alte Hermine lächelte. »Doch, Kindchen, doch«, sagte sie. »Wir
können um die Ecke sehen! Wart, ich zeig's euch, wenn ihr mal
wiederkommt. Soll ich dir jetzt etwas kaufen? Einen Lutscher oder
Schokolade?«

Aber da war Katrin schon aus dem Laden gelaufen.

Am nächsten Tag rief ein kleiner Junge: »Hex! Hex!« hinter Hermine her.

Zu Hause sagte sie zu Martha: »Er war ja noch sehr klein, aber es
hat mir doch wehgetan.«

Martha nickte nur. Sie erzählte nicht, was sie erlebt hatte. Sie war
an der Toreinfahrt vom Eisenwarengeschäft vorbeigegangen, und
hinter dem Tor hatte jemand gerufen: »Zwillingshexe! Hi-hi!
Hu-hu!«

Das wollte Martha ihrer Schwester nicht erzählen.

Dann kam das Schlimmste.

Es war am Abend, als es schon dämmerig wurde. Hermine und
Martha saßen am Fenster, und sie sahen, wie viele Kinder zu ihrem
Haus kamen, zehn oder zwölf. Renate und Katrin waren auch dabei.
Sie schlichen alle an der Mauer entlang, und genau unter dem Fen-
ster blieben sie stehen.

Sie drängten sich eng aneinander, sie stießen sich an und lachten.
Und dann sangen sie:

»Hex, Hex, Zwillingshex!
Heck-meck-zeck,
guckt ums Eck,
steckt die Nas' in jeden Dreck!«

Dann rannten sie fort.

»Sie haben uns gemeint!« flüsterte Hermine.

»Wir sehen ja auch wie zwei häßliche alte Hexen aus«, sagte Martha.
Danach gingen sie nur noch zu zweit einkaufen. Sie hielten sich
nicht mehr lange in den Läden auf, sie redeten kaum noch mit den
Leuten.

Man sah sie auch nicht mehr am Fenster zur Straße. Dort hielten
sie die Vorhänge jetzt immer dicht geschlossen.

Zwei- oder dreimal hörten sie noch, wie die Kinder »Hex, Hex!«
hinter ihnen herriefen.

Dann duckten sie ihre krummen Rücken noch tiefer. Dann liefen sie weg, so gut sie noch konnten, und ihre Schirmstöcke klapperten auf dem Pflaster.

Im Winter wurde Martha krank und starb, und Hermine zog weg. Katrin und Renate hörten im Laden am Postplatz eine Frau sagen: »Das Fräulein Hermine soll in ein Altersheim gegangen sein, aber niemand weiß, wohin. Hier war sie jetzt ja auch zu einsam.«

Der Mann an der Kasse sagte: »Jemand hätte sich ein bißchen um die beiden Alten kümmern können. Was hatten sie denn noch vom Leben? Nur ihren Fensterplatz mit dem Spion.«

»Was für ein Spion?« fragte Renate.

»Diesen Spiegel da an ihrem Fenster«, sagte der Mann, »einen schräg aufgehängten Spiegel, habt ihr den nie gesehen? Darin kann man alles auf der Straße beobachten, darum werden diese Spiegel Spion genannt.«

Und die Frau sagte: »Man kann zum Beispiel sehen, wer unten an der Haustür schellt, man braucht dazu das Fenster nicht aufzumachen.«

»Ach so«, sagte Katrin. Und dann fragte sie: »Konnten sie eigentlich gut hören, die Fräuleins?«

»Keine Ahnung«, sagte der Mann. »Weshalb willst du das wissen?«

»Manchmal hören alte Leute doch schlecht«, sagte Katrin.

»Unsere Oma auch«, sagte Renate.

Die Frau nahm ihre Tasche. An der Tür drehte sie sich noch einmal um. Sie sagte: »Ich kann mir schon denken, weshalb ihr das jetzt gern wissen möchtet. Ich hab da sowas gehört.«

Mehr sagte sie nicht. Jetzt war es ja auch zu spät. – *Stille* –

Ursula Wölfel

Weiterführung

Manchmal ist es zu spät, etwas wiedergutzumachen. Aber jetzt wissen wir ja, wie wir uns in Zukunft älteren Menschen gegenüber zu verhalten haben. – Ähnlich wie Jesus?

Krieg/Frieden

Krieg spielen
(Röm 12,18–21: Gib deinem Feind zu essen; Mt 5,17–26: 6. So. i.J., Lesejahr A; Mt 5,38–48: 7. So. i.J., Lesejahr A)

Hinführung

Seht ihr gerne im Fernsehen Kriegsfilme? Reizen euch die Kriegsspiele im Computer? Findet ihr es toll, wenn es da explodiert und die Fetzen fliegen? Nein!? Ich lese euch eine längere Geschichte vor, die uns genauer hinsehen läßt.

Geschichte

Onkel Bernhard war wieder mal auf Besuch da. Florian mochte ihn gern. Onkel Bernhard war fünfzehn Jahre älter als Florians Vater und hatte schon graues Haar. Mit ihm war es nie langweilig, obwohl er nur einen Arm hatte. Den anderen hatte er im letzten Krieg verloren.

Am Sonntagvormittag gingen sie zusammen angeln. Aber ein Gewitter mit einem gewaltigen Regen trieb sie heim. Am Nachmittag, als die ganze Familie vor dem Fernseher saß, zwinkerten Onkel Bernhard und Florian einander zu und stahlen sich unbemerkt davon.

»Wunderbare Luft hier draußen«, sagte Onkel Bernhard, als sie gleich hinter der Pferdekoppel in den Wald einbogen. »Und was wollen wir jetzt tun?«

»Krieg spielen«, antwortete Florian wie aus der Pistole geschossen. Onkel Bernhard antwortete nicht. Aber als Florian erwartungsvoll zu ihm aufblickte, fragte er nachdenklich: »Krieg spielen? Ist denn das so schön?«

»Klasse«, sagte Florian. »Und ganz bestimmt nicht langweilig.«

»Nein, ganz bestimmt nicht«, meinte Onkel Bernhard. »Krieg ist wirklich nicht langweilig.«

»Man kann andere erschießen und mit dem Panzer über alles drüberwegfahren und Handgranaten werfen und den Feind überlisten und gefangennehmen und mit dem Fallschirm abspringen und so richtig echt raufen«, rief Florian begeistert.

Er wunderte sich, daß Onkel Bernhard wieder nicht antwortete.

»Im Krieg kann man seinen Mut beweisen«, erklärte Florian weiter. »Man kann ein Held werden. Und man darf so vieles tun, was man in gewöhnlichen Zeiten nicht darf. Vor allem kann man siegen. Siegen macht Spaß – oder etwa nicht?«

»Zum Krieg gehören mindestens zwei«, sagte Onkel Bernhard. Einer, der siegt, und einer, der verliert.«

»Man darf eben nicht so blöd sein zu verlieren«, sagte Florian eifrig.

»Du scheinst den Krieg sehr gut zu kennen«, meinte der Onkel.

»Klar«, sagte Florian. »Ich schau' mir immer die Kriegsfilme an.«

»Aha«, sagte der Onkel.

»Wenn da der Krieg losgeht, freuen sich meistens alle drauf und können es gar nicht erwarten«, sagte Florian.

»Das stimmt«, sagte Onkel Bernhard trübe. »Ich hab' mich auch darauf gefreut – weil ich den Krieg nicht kannte. Ich habe mir ihn so vorgestellt wie in den Filmen: Die Guten siegen, die Bösen verlieren, die Unschuldigen werden gerettet und die Schuldigen bestraft. Nicht wahr?«

»Meistens«, antwortete Florian unsicher.

»Also gut«, sagte Onkel Bernhard, »spielen wir Krieg. Aber ich kenne den Krieg. Deshalb spiele ich nur ganz echten Krieg, nicht solche Western-Kämpfchen.«

»O ja«, rief Florian begeistert, »spielen wir ganz echten Krieg!«

»Ich fürchte, du hast keine Ahnung, was da auf dich zukommt«, sagte der Onkel. »Du wirst anfangen zu weinen.«

»Ich?« rief Florian lachend. »Darauf kannst du lange warten!«

»Florian«, sagte der Onkel fast feierlich, »ich will dich nicht zu diesem Spiel überreden. Wenn du Angst bekommst und lieber etwas anderes spielen willst, werde ich dich nicht feige nennen. Aber ich warne dich.«

»Nur zu, nur zu«, jubelte Florian, »ich *will* Krieg spielen!«

»Wer von uns beiden zuerst sagt: ›Mir langt's‹, der hat den Krieg verloren«, sagte der Onkel.

»Einverstanden«, rief Florian mit blitzenden Augen.

»Abgemacht. Also, es geht los.«

»Wir haben ja noch keine Gewehre«, sagte Florian und hob zwei derbe Äste auf. Einen davon reichte er dem Onkel. Der verstummte und lauschte mit hochgerecktem Gesicht. Dann schrie er: »Tiefflieger!«, packte Florian am Genick und warf sich mit ihm längelang in den Schlamm unter eine überhängende Birke.

»Aber Onkel Bernhard«, rief Florian, »meine Sonntagshosen!«

»Kopf runter!«, donnerte der Onkel, »Rein mit dem Kinn in die Sauce. Beweg dich nicht. Oder willst du, daß sie Hackfleisch aus dir machen?«

Florian tunkte sein Kinn in den Schlamm. Mit einem Auge sah er, daß auch Onkel Bernhard seine gute Hose anhatte.

»Verdammt, sie kommen zurück!« schrie der Onkel. »Runter in den Graben!«

»Aber der ist doch voll Wasser –«, stotterte Florian kläglich.

»Mach schon!« brüllte der Onkel und gab ihm einen groben Stoß. »Oder wir sind hin!«

Florian stolperte mit einem Patsch in den Graben, in dem schmutzig-braunes Regenwasser stand. Das lief in seine Gummistiefel. Es reichte ihm bis zu den Knien.

»Ducken!« schrie ihn der Onkel an. »Die sehen dich ja schon aus zehn Kilometer Entfernung!«

»Ins Wasser?« fragte Florian erschrocken.

Ohne zu antworten, drückte ihm der Onkel die Schulter herunter. Florian mußte sich mit dem Hintern ins Wasser hocken. Der Onkel hockte neben ihm.

»Die Mama wird schimpfen«, jammerte Florian.

»Du hast keine Mama mehr«, sagte Onkel Bernhard hart. »Eine Bombe hat vorhin euren Hof getroffen. Deine Mama war sofort tot. Deiner Oma hat ein Splitter das linke Bein abgerissen. Sie verblutet jetzt. Dein Vater ist von den Deckenbalken erdrückt worden. Und dein Opa hat beide Augen verloren. Deine kleine Schwester lebt noch, aber sie ist unter den Trümmern begraben. Man wird sie nicht finden. Sie wird da unten elend zugrunde gehen. Du bist jetzt ein Waisenkind, Florian. Du mußt schauen, wie du allein durch den Krieg kommst. Raus aus dem Graben, die Flieger sind fort. Aber dort drüben ballert's. Ich glaube, da schleicht sich feindliche Infante-rie heran, um uns den Weg abzuschneiden. Wir müssen hier weg.«

Kaum war Florian triefend aus dem Graben geklettert, sagte der Onkel spöttisch: »Wo ist dein Gewehr?«

Verwirrt drehte sich Florian um. Dort schwamm es im Graben.

»Hol's – aber dalli!« schimpfte der Onkel. »Wie willst du Krieg machen ohne Waffe? Du machst dich ja lächerlich. Und die Feinde sind schon ganz nahe. Das wird dich dein Leben kosten!«

Florian kauerte sich beschämt am Grabenrand nieder und versuchte, den Stock heranzuangeln. Er drehte dem Onkel seinen Rücken zu.

»Ich spiele jetzt einen von den Feinden«, sagte der Onkel. »Warte einen Augenblick«, jammerte Florian, »ich muß erst mein Gewehr haben –«

Aber da rief auch schon der Onkel: »Hände hoch!« und hielt seinen Stock in Anschlag. Florian fuhr erschrocken herum.

»Hände hoch – wird's bald!« donnerte der Onkel. »Meinst du, ich warte, bis du *mich* umbringst? Meinst du, ich laß mir die gute Gelegenheit entgehen, dich zu erledigen?«

»Nein«, rief Florian, »ich nehm' die Hände nicht hoch. Ich will nicht der Verlierer sein!«

Und er stürzte sich auf den Onkel, der in diesem Augenblick »paff!« sagte, und trommelte ihm mit beiden Fäusten auf der Brust herum. »Was soll das?« fragte der Onkel. »Du bist tot. Du bist mir direkt ins Gewehr gelaufen. Laß dich fallen. Du bist jetzt eine Leiche, und ich werde dir deine Stiefel von den Füßen zerren, weil ich sie brauchen kann.«

Aber Florian schrie schrill: »Ich bin nicht tot! Ich bin nicht tot! Und jetzt mach' *ich* dich tot!«

Da klemmte sich der Onkel sein Gewehr zwischen die Knie, packte mit seiner einzigen Hand den Jungen am Kragen und warf ihn mitten in die Brennesselbüsche zwischen Weg und Grabenrand. Florian heulte vor Schmerz. Nicht nur die Arme brannten. Auch über das Gesicht hatten die Nesseln gepeitscht.

»Das ist unfair!« schrie er wutentbrannt.

»Meinst du, im Krieg ginge es fair zu?« fragte der Onkel, dem die nasse Hose an den Beinen klebte. »Wenn du's fair haben willst, mußt du was anderes spielen. Im Krieg sucht nur einer den anderen fertig zu machen, egal wie!«

»Und außerdem bist du viel stärker als ich«, heulte Florian.

»Im Krieg ist immer einer stärker als der andere. Du hättest vorhin gut daran getan, dich zu ergeben. Dann hättest du dir alles weitere erspart.«

»Aber dann hätte ich doch verloren!« sagte Florian.

»Alle, die sich in einen Krieg einlassen, verlieren, auch wenn es bei manchen so aussieht, als hätten sie gesiegt«, sagte der Onkel. »Und jetzt lauf um dein Leben, wenn du unbedingt weiterleben willst. Die Panzer kommen!«

»Hilf mir aus den Brennesseln raus«, bat Florian matt.

»Wollten wir nicht *echten* Krieg spielen?« fragte der Onkel. »Im Krieg hebt einen auch keiner aus dem Schlamassel. Raus, sag' ich! Fort! Oder willst du plattgewalzt werden?«

Er stieß den Jungen vor sich her.

»Weg vom Weg – in den Wald hinein!« keuchte der Onkel. »Renn, so schnell du kannst!«

Die Stiefel scheuerten, die Hose klebte. Zwischen den Beinen wurde die Haut wund.

»Ich kann nicht mehr, Onkel Bernhard!« jammerte Florian.

»Du wirst schon noch können« ächzte der Onkel, »wenn ich dir sage, daß ich jetzt wieder ein Feind bin und versuche, dir mit dem Gewehrkolben den Schädel einzuschlagen. Renn – ich komme!« Und er schwang seinen Stock und brüllte mit verzerrtem Gesicht: »Gib mir meinen Arm wieder, du verdammter Hund!«

Florian erschrak. So hatte sein Onkel noch nie ausgesehen: wie ein wildes Tier – eine Bestie!

Er begann zu rennen. In einer morastigen Mulde verlor er einen Stiefel. Er wagte nicht stehenzubleiben. Er lief auf dem bloßen Sokken weiter, trat auf spitze Zweige, auf Reisig, auf Äste. Vor Schmerz schrie er ab und zu laut auf. Hinter sich hörte er den Onkel immer näher keuchen. Kopflos vor Schreck stürmte er in das dornige Dikkicht hinein, das vor ihm lag, und spürte, wie seine Hose hängenblieb und riß, die Sonntagshose. Dann verlor er den zweiten Stiefel und trat in Dornen. Er hörte sich wie einen Hund aufjaulen. Das Herz klopfte ihm bis in den Hals.

Plötzlich wurde ihm bewußt, daß er den Onkel nicht mehr hinter sich keuchen hörte. Hastig schaute er sich um. Kein Onkel war zu sehen.

Aber dort vor dem Gestrüpp – lag dort nicht etwas in den Farben von Onkel Bernhards Hemd, grün- und gelbkariert?

Florian blieb stehen, schaute schärfer hin, kehrte unschlüssig um. Ja, wahrhaftig, dort lag Onkel Bernhard mit dem Gesicht nach unten und rührte sich nicht. Sein Arm hing ausgestreckt im Heidelbeergesträuch.

Wie betäubt beugte sich Florian über ihn.

»Onkel Bernhard«, flüsterte er.

Der Onkel bewegte sich noch immer nicht.

Florian strich bestürzt über sein graues Haar und bat: »Steh doch auf, Onkel Bernhard – bitte, bitte steh auf!«

Aber der Onkel stand nicht auf. Da wurde es Florian ganz heiß vor Schreck. Er fing an zu weinen.

»Bist du tot?« schluchzte er. »Aber bitte, sei doch nicht tot!«

Er streichelte Onkels Haar, das grüngelbkarierte Hemd, die schlaffe Hand.

Er weinte immer lauter und verzweifelter. Aus der Hitze wurde Kälte. Er schlotterte. Seine Zähne klapperten vor Entsetzen.

»Du kannst doch nicht einfach tot sein«, heulte er.

Da richtete sich der Onkel langsam auf und drehte sich um. In seinem Gesicht klebten Tannennadeln und Moosflöckchen. Florian starrte ihn entgeistert an.

»Du lebst ja«, flüsterte er.

»Nein«, sagte der Onkel. »Ich bin tot. Ich bin von einer Kugel getroffen worden. Es hat mich einer erschossen, der auch Onkel von so einem Jungen ist. Es war ein netter Mensch – einer, der im Frieden nie auf den Gedanken käme, jemanden umzubringen. Wollen wir weiterspielen?«

»Nein«, stammelte Florian, »mir langt's.«

»Mir auch«, sagte der Onkel.

Schweigend suchten sie nach Florians Stiefel. Den einen fand Florian, den anderen der Onkel. Dann machten sie sich auf den Heimweg.

»Unser Krieg hat knapp zwölf Minuten gedauert«, stellt der Onkel fest.

Florian schaute erstaunt zu ihm auf. Ihm war er endlos vorgekommen.

»Wollen wir morgen wieder Krieg spielen?« fragte der Onkel.

»Nein«, antwortete Florian hastig, »keinen Krieg. Gar nichts mehr mit Krieg.«

»Ich hab' dich vorhin übel behandelt«, sagte der Onkel. »Es ist mir nicht leichtgefallen. Aber ich hab's getan, weil ich dich mag. Ich will dir begreiflich machen, wie der Krieg wirklich ist.«

»Ich hab' so Angst vor dir gehabt«, schnaufte Florian und zog die Nase hoch. »Du hast ausgesehen wie ein Tier, als du mit dem Knüppel hinter mir hergerannt bist.«

»Im Krieg werden die Menschen zu Tieren«, sagte der Onkel ernst.

»Und nachher hab' ich Angst um dich gehabt, weil ich dachte, du seist wirklich tot – «

»Im Krieg ist so ein Tod alltäglich. Ich habe damals kaum mehr hingeschaut, wenn ich Tote am Wegrand liegen sah. Für dich soll der Tod nicht alltäglich werden. Ich will, daß du beide Arme behältst. Dich soll kein Panzer zermalmen, keine Bombe zerfetzen, kein Schuß treffen. Du und alle, die wir beide liebhaben, sollen unversehrt bleiben können. Und wenn du ein Held sein willst, findest du auch im Frieden Gelegenheit dazu.«

Florian schob seine Hand in die Hand, die seinem Onkel geblieben war, und sagte: »Ich wollte, du hättest noch deine andere Hand.«

»Ich hab' ja noch Glück gehabt«, sagte der Onkel. »Du siehst: Zur Not kann man auch mit einer einzigen Hand zurechtkommen. 60 Millionen Menschen haben im letzten Krieg ihr Leben verloren. Darunter waren sicher auch ein paar Tausend solcher Jungen wie du.«

Das letzte Stück des Weges schwiegen sie. Zwischen Koppelzaun und Hof sagte der Onkel: »Ich glaube, deine Mutter bekäme einen Schreck, wenn sie dich unvorbereitet so sähe. Warte hier, bis ich ihr alles erklärt habe. Ich fürchte, sie wird wütend auf mich sein. Sie weiß ja nichts vom Krieg. Sie ist erst nach dem Krieg geboren worden.«

»Ich weiß schon, was sie sagen wird«, meinte Florian. »Das arme Kind. Es kann eine Lungenentzündung bekommen! Und was für ein Jammer um Hemd und Hose!«

Als der Onkel ein paar Schritte gegangen war, rief ihm Florian nach: »Danke, daß du mir den Krieg gezeigt hast.« – *Stille* –

Gudrun Pausewang

Weiterführung

Spiel nicht Krieg, spiel Frieden! Heute in der Klasse, auf der Straße und zu Hause ...

Schulbeginn

Das Märchen von der Wunderblume

Hinführung

Ich möchte heute das schöne Märchen von der Wunderblume vorlesen. Es gibt dir eine Antwort auf die Frage, ob du am Ende des Schuljahres die wunderbare Blume der Zufriedenheit gefunden haben wirst.

Es waren einmal zwei Schwestern. Die eine war schön, die andere häßlich. Eines Tages spazierten sie durch den Wald und suchten Beeren. Plötzlich hörten sie jemanden jammern und rufen. Es war Knorzel, der Zwerg. Er hing im Dorngestrüpp und konnte sich nicht mehr befreien. Das schöne Mädchen lachte. Das häßliche Mädchen aber bog die Dornen auseinander und stellte Knorzel sachte auf die Erde.

»Zum Dank«, sagte Knorzel, »will ich dir den Weg zur Wunderblume zeigen. Wer sie blühend dem König bringt, den macht er zur Königin. Geh diesen Bach entlang, bis du zur Quelle kommst. Dort, zwischen den Steinen, wächst die Wunderblume.« Dann verschwand er.

»Geh du nach Hause, du bist zu häßlich, du wirst sowieso nicht Königin werden«, sagte die schöne Schwester zur häßlichen Schwester und machte sich gleich auf den Weg.

Als das schöne Mädchen eine Weile gegangen war, lag eine Hacke im Weg. »Nimm mich mit!« sagte die Hacke. »Du bist mir zu schmutzig«, sagte das Mädchen und lief weiter. Als es wieder eine Weile gegangen war, stand eine Gießkanne im Weg. «Nimm mich mit«, sagte die Gießkanne. »Du bist mir zu schwer«, sagte das Mädchen und lief weiter. Als es wieder eine Weile gegangen war, lag ein Endchen Bast im Weg. »Nimm mich mit«, sagte das Endchen Bast. »Du bist mir zu wertlos«, sagte das Mädchen und lief weiter.

Als die Sonne am höchsten stand, kam es zur Quelle. Doch die Quelle war versiegt. Die Erde war vertrocknet. Die Wunderblume war verdorrt. »Knorzel, der Zwerg, hat mich betrogen«, sagte das schöne Mädchen und lief wütend den langen Weg nach Hause zurück.

»Geh du!« sagte es am andern Tag zur Schwester und freute sich, daß sie den langen Weg auch umsonst machen würde. Also machte sich die häßliche Schwester auf den Weg.

Als das häßliche Mädchen eine Weile gegangen war, lag eine Hacke im Weg. »Nimm mich mit«, sagte die Hacke. »Gern!« sagte das Mädchen, »vielleicht kann ich dich brauchen«. Mit der Hacke über der Schulter lief das Mädchen weiter. Als es wieder eine Weile gegangen war, stand eine Gießkanne im Weg. »Nimm mich mit«, sagte die Gießkanne. »Gern!« sagte das Mädchen, »vielleicht kann ich dich brauchen«.

Mit der Hacke über der Schulter und der Gießkanne in der einen Hand lief das Mädchen weiter. Als es wieder eine Weile gegangen war, lag ein Endchen Bast im Weg. »Nimm mich mit«, sagte das Endchen Bast. »Gern«, sagte das Mädchen, «vielleicht kann ich dich brauchen«. Mit der Hacke über der Schulter, der Gießkanne in der einen Hand und dem Endchen Bast in der anderen Hand lief das Mädchen weiter.

Als die Sonne am höchsten stand, kam es zur Quelle. Doch die Quelle war versiegt. Die Erde war vertrocknet. Die Wunderblume war verdorrt.

Da nahm das Mädchen die Hacke und hackte die Erde auf. Es nahm die Gießkanne und goß die verdorrte Blume. Es nahm das Endchen Bast und band sie auf. Da fing die Blume an zu leben. Das Wasser stieg in die Stengel und Blätter. Die Knospe streckte sich dem Licht entgegen. Sie öffnete sich.

Das Mädchen sah staunend zu, sah aber nicht, wie es selbst mit der Blume schön wurde. Sorgfältig grub es die Wunderblume aus und brachte sie dem König. Der König freute sich, als er das schöne Mädchen mit der Blume sah. Er hielt sein Versprechen und machte es zur Königin.

Die schöne Schwester aber wurde von Tag zu Tag häßlicher, weil Neid und Eifersucht sie verzehrten. – *Stille* –

Max Bolliger

Weiterführung

Hast Du noch den Blick für die kleinen Dinge am Wege? Auch für das, was dieses Schuljahr an Schönem für Dich bereithält? Wirst Du Dich bemühen, die Wunderblume erblühen zu lassen?

(Es kann auch angeregt werden, diese Phantasie-Wunderblume in den Klassen malen zu lassen.)

Dieses Märchen läßt sich auch beim Thema »Umwelt« einsetzen.

Erntedank

Der Frauensand (für Ältere)
(Lk 12, 16–21: 18. So. i. J., Lesejahr C; Lk 16, 19–31: 26. So. i. J., Lesejahr C)

Hinführung

Zum Erntedank möchte ich euch ein Märchen der Gebrüder Grimm erzählen. In jedem Märchen steckt Wahrheit, weil es wiedergibt, was ein Volk als richtig oder falsch empfindet.

Geschichte

Das Märchen »Der Frauensand« erzählt von der Stadt Stavoren an unserer Meeresküste. Diese Stadt war unermeßlich reich. Aber, so heißt es, es gab auch keine andere Stadt, von der so viele Flüche zum Himmel stiegen.

Das hat mich schon stutzig gemacht. Damals, als die Märchen aufgeschrieben wurden, waren doch alle Menschen viel ärmer und bedürftiger, als wir es heute sind. Da war doch Reichtum etwas, von dem jeder träumte. Und trotzdem sagt die Erfahrung des Volkes: Reichtum verdirbt den Menschen. Ist es heute nicht ähnlich? Der Teufelskreis ist folgendermaßen: Wer nicht mehr danken kann, der wird irgendwann unzufrieden, dann maßlos in seinen Wünschen, und er steht schließlich in der Gefahr, »ruchlos« und gottlos zu werden.

Das Märchen erzählt von einer Jungfrau, die in dieser Stadt die reichste war. Ihr Herz war besonders hart und stolz, und sie fluchte oft gegen Gott. Eines Tages trieb sie es auf die Spitze. Sie rief den Kapitän ihrer Schiffsflotte und befahl ihm: »Bring mir das Edelste und Beste, was es auf der Welt gibt!«
Der Kapitän war gewohnt, genauere Aufträge zu bekommen und fragte nach: »Was versteht meine Herrin unter dem ›Edelsten‹?« Sie aber wurde wütend und schimpfte: »Fahr los, du hast meinen Befehl gehört!«
Unschlüssig überlegte der Kapitän hin und her. Sein Denken aber war noch unverdorben. Und so steuerte er nach Danzig und befrachtete sein Schiff mit ausgesuchtem – Weizen! Denn er dachte: »Was

gibt es wohl Kostbareres auf Erden als das herrliche Korn, ohne das kein Mensch leben kann?«

»Wie, Schiffsmeister«, rief ihm die Jungfrau entgegen, »du bist schon wieder hier? Ich glaubte dich an der Küste Afrikas, um Gold und Elfenbein zu handeln. Laß sehen, was du geladen hast!«

Zögernd gestand der Mann: »Meine Herrin, ich führe euch zum köstlichsten Weizen, der auf der ganzen Welt gefunden wird!«

»Was?« schrie sie, »so elendes Zeug bringst du mir? Ich will dir zeigen, wie verächtlich mir deine Ladung ist: Von welcher Seite ist das Schiff geladen?«

»Von der rechten Seite!«

»So, dann befehle ich dir, sofort die ganze Ladung auf der linken Seite ins Meer zu kippen. Ich komme selbst hin, um zu sehen, ob mein Befehl erfüllt wird.«

Der Kapitän zögerte. In seiner Not rief er schnell alle armen Leute der Stadt zusammen – in jeder reichen Stadt gibt es auch Arme – und stellte sie wie eine lebendige Mauer am Kai vor das Schiff. Und als die reiche Jungfrau kam, fielen alle Hungernden vor ihr auf die Knie, reckten die Arme und baten sie, ihnen doch das Korn lieber zu schenken, als es vom Meer verschlingen zu lassen. Aber ihr Herz blieb hart wie Stein: »Schütte die ganze Ladung ins Meer!«

Als ich diese Stelle las, zuckte ich zusammen. Was wird bei uns nicht alles an Überschüssen ins Meer geschüttet: Milch, Obst, Getreide ...? Dies alles würde ja sonst die Preise auf dem Weltmarkt kaputtmachen! Jeder empfindet das als Frevel gegen den Himmel. Wenn es anders werden soll, heißt das allerdings, weniger produzieren, und folglich müßten noch mehr Betriebe schließen. Und wer noch weiterdenkt, der weiß: Auch die Arbeit muß noch mehr geteilt werden. Diejenigen, die Arbeit haben, wollen das natürlich nicht, weil sie das Geld brauchen und Pläne haben oder den Druck der Hypotheken spüren. Aber die vielen, die keine Arbeit haben, die recken ihre Hände und möchten auch etwas vom großen Kuchen der Arbeit und des gesicherten Einkommens. Und wenn wir über unser Land hinausblicken, wird die Not und wird das Teilen noch dringlicher.

(Hier müßte wenigstens ein aktuelles Beispiel genannt werden, wie ungerecht die reichen Länder den Ländern der »3. Welt« ihre Handelsbedingungen diktieren: Diese würden unsere Entwicklungshilfe im heutigen Rahmen nicht benötigen, wenn wir ihnen die Märkte öffneten und nicht durch Subventionen oder durch Zölle den Verkauf

ihrer Waren fast unmöglich machten. Das heißt natürlich in letzter Konsequenz, daß unser Wohlstand, der sich sowieso nur auf dem Rücken der armen Länder halten läßt, heruntergeschraubt werden müßte. Aber gerade Christen sollten doch vom Evangelium her die ersten sein, die sich hier für mehr Teilen und Gerechtigkeit einsetzen!) Ich möchte aber auch in einem anderen Punkt wachrütteln. Wenn wir davor erschrecken, daß eine ganze Schiffsladung Weizen ins Meer geschüttet werden soll, frage ich euch: Wieviel schüttet und werft ihr fort? Ihr seid im Wohlstand groß geworden; wißt ihr Lebensmittel noch zu schätzen? Ich erinnere mich an Meßdiener, die beim Ostereiersammeln mit Eiern ein Zielwerfen auf einen Baum veranstalteten: »Sind doch bloß ein paar olle Eier!« Oder in der Jugendherberge fliegen Brötchen von einem Tisch zum anderen: »Ist doch nur ein Brötchen!« – Soll ich mal den Hausmeister einer Schule bestellen, damit der uns schildert, was alles an Brot und Resten in die Papierkörbe wandert oder unter der Schulbank vergammelt? Und warum ist das so? Weil auch oft eure Eltern zu großzügig Lebensmittel wegschütten, die andere vor lauter Hunger »anbeten«.

Als der Schiffsmeister alles ins Meer schütten mußte, rief er laut: »Nein, diese Bosheit kann Gott nicht ungerächt lassen. Ein Tag wird kommen, wo ihr, Herrin, gerne diese kostbaren Körner eines nach dem anderen auflesen möchtet, um den Hunger damit zu stillen!« Da zog sie mit stolzem Gelächter einen kostbaren Ring von ihrem Finger, warf ihn in die Wellen und rief: «Erst wenn ich diesen Ring wieder erblicke, sollen deine Worte wahr sein!«
Was geschah? Kurz darauf ging die Köchin der reichen Jungfrau auf den Markt und kaufte einen Schellfisch. Als sie ihn aufschnitt, fand sie den kostbaren Ring und zeigte ihn ihrer Herrin. Da erbleichte sie. Bald trafen Hiobsbotschaften aus aller Welt ein: Ein Teil ihrer Flotte ist gestrandet, ein anderer wurde geraubt, einige Schiffe sind gesunken. Kaum war das Jahr vergangen – im Märchen geht manches schneller –, erfüllte sich die schreckliche Drohung des Schiffsmeisters: Arm und von keinem betrauert, ja verlacht, ging sie hungrig und bettelnd von Tür zu Tür, bis sie verzweifelt starb.
Der Weizen aber, der ins Meer geschüttet worden war, sproß und wuchs das folgende Jahr, aber er trug taube Ähren. Niemand achtete die Warnung, und dann öffnete sich eines Nachts die See und verschlang mehr als drei Viertel der Stadt in rauschenden Fluten.

Noch jedes Jahr versinken einige Hütten dort, am sogenannten »Frauensand«, wo jährlich immer an derselben Stelle Gras aus dem Wasser wächst, das keine Blüte trägt und das sonst nirgendwo auf Erden gefunden wird. – *Stille* –

Weiterführung

Wir sind heute hier, um Gott zu danken, weil wir nachdenken. Wer nicht mehr dankt, dem wachsen langsam die Augen zu von all den Sachen, die ihn umgeben: Er wird unzufrieden, schließlich maßlos und eines Tages gottlos.

Schriftstellenregister

2 Makkabäer

12,43–45	66

Jesus Sirach

3,2–6.12–14	36

Matthäus

2,1–12	22
4,1–11	86
5,17–26	100
5,38–48	100
7,12	91
16,21–23	40
22,35–40	91
25,31–46	63

Markus

1,29–39	95
8,31–33	40
10,17–27	46
10,41–45	93
12,28–31	91
12,41–44	43
13,33–37	57

Lukas

2,1–12	19
2,41–52	33
3,10–18	11
4,1–13	86
6,20–26	50
10,25–28	91
11,1–13	57
12,16–21	108
18,1–8	57
21,34–36	17

Johannes

18,1–19,42	48

Apostelgeschichte

2,1–11	53

Römer

12,18–21	100
13,11–14	17

1 Korinther

13,13	13

Stichwortverzeichnis

Quellenhinweis

Gudrun Pausewang, Lieber Gott der Reichen! Rechte bei der Autorin.

Hertha Heidinger, Zwischenbericht, aus: Hans-Joachim Gelberg (Hg.), Das achte Weltwunder. 5. Jahrbuch der Kinderliteratur, Beltz Verlag, Weinheim und Basel 1979. Programm Beltz & Gelberg, Weinheim.

Werner Reiser, Vom Engel, der nicht mitsingen wollte, aus: Ders., Der Geburtstag von Adam und Eva. Neue Legenden und Parabeln, Friedrich Reinhardt Verlag, Basel ²1984, S. 44–50.

Werner Reiser, Die drei Gaben, Friedrich Reinhardt Verlag, Basel ⁵1989, S. 11–16.

Ich bin der Vater! Aus: Briefe, die das Leben schrieb, Aktion Leben, Information der Gemeinschaft zum Schutz des menschlichen Lebens 2 C/83, S. 87.

Friederike Kügler, Brief einer Mutter: An meine ungläubigen Kinder, aus: Manfred Plate (Hg.), Ungläubige Jugend? Briefe und Bekenntnisse, Verlag Herder, Freiburg i. Br. ³1988, S. 11 ff.

Shel Silverstein, Der freigebige Baum, deutsch von Franz Hohler, © 1987 Gertraud Middelhauve Verlag, Köln.

Hans Peter Renfranz, Brief aus dem Altersheim (gekürzt). Rechte beim Autor.

Herbert Wattenhofer, Die Ausscheidung (leicht gekürzt). Rechte beim Autor.

Helene Haluschka, Die Legende von den musizierenden Mönchen (stark gekürzt), aus: Stillere Weihnacht. Weihnachtserzählungen und Gedichte österreichischer Autoren, Verlag Wilhelm Ennsthaler, Steyr 1962.

Hermann Multhaupt, Der Weitsprung (leicht geändert). Rechte beim Autor.

Wolfgang Pabst, Der Opfertod. Rechte beim Autor.

Gerhard M. Kirk, Die goldene Höhle, aus: „kontraste/impuls", 1/89, S. 42–46 (ohne Einleitung und Weiterführung), Verlag Herder, Freiburg i. Br. Rechte beim Autor.

Karl Springenschmid, Sie verstanden einander, © Herma Springenschmid, Elsbethan bei Salzburg.

Andreas Laun, Als Gott die 25. Stunde schuf. Rechte beim Autor.

Gerhard Zwerenz, Sich nicht alles gefallen lassen, Fischer Taschenbuch 1314, Frankfurt/M. 1972. S. 7–9. Rechte beim Autor.

Jo Hanns Rösler, Die Entscheidung, aus: Ders., Liebenswerte Kurzgeschichten – eine Auswahl, © by Stieglitz-Verlag, Mühlacker.

Johannes Haas, Das Fegfeuer – ein heißes Eisen. Rechte beim Autor.

Renate Schupp, Das Bild der tausend Wünsche (leicht gekürzt), aus: Vorlesebuch Religion, Bd. 3, S. 239–243, Verlag Ernst Kaufmann, Lahr 1976.

Weihnachten in diesem Jahr. Geschichte von Tobias und Hannes, Bernward Verlag, Hildesheim.

Horst Glameyer, Es gibt keine Engel, aus: Ders., Der kleine Junge in dem Stall. Geschichten zur Weihnachtszeit, Walter-Verlag, Olten 1983, S. 64–69.

Ursula Wölfel, Das Miststück, aus: Dies., Die grauen und die grünen Felder, Neithard Anrich Verlag, Mühlheim a. d. Ruhr 1979, Kevelaer 1984, S. 79–86.

Hermann Multhaupt, Das Kind mit den großen Händen. Rechte beim Autor.

Max Bolliger, Die versteinerte Prinzessin, aus: Ders., Der goldene Fisch. Zehn Märchen mit Illustrationen von Stephan Zavrel, Bohem Press, Zürich 1984.

Lieselotte Bindels, Der Blick der Liebe, aus: Lieselotte Bindels/Rainer Korte, Symbol-geschichten für junge Leute, Don Bosco Verlag, München 1988, das Kapitel „Die Blumenkönigin", S. 24 f.

Ursula Wölfel, Die Zwillingshexen, aus: Dies., Die grauen und die grünen Felder, Neithard Anrich Verlag, Mühlheim a. d. Ruhr 1979, Kevelaer 1984, S. 43–50.

Gudrun Pausewang, Krieg spielen, aus: Dies., Frieden kommt nicht von allein, Ravens-burger Buchverlag Otto Maier GmbH.

Max Bolliger, Das Märchen von der Wunderblume, aus: Rolf Krenzer/Volker Fritz (Hg.), 100 einfache Texte zum Kirchenjahr. Für Kindergarten und Vorschule, Verlag Ernst Kaufmann, Lahr/Kösel Verlag, München 1983, S. 128 ff.

Predigten mit Gegenständen aus dem Alltag

Willi Hoffsümmer
144 Zeichenpredigten durch das Kirchenjahr
Mit Gegenständen aus dem Alltag
4. Auflage, 160 Seiten. Kartoniert

In einer Zeichenpredigt werden Gegenstände aus dem Alltag zu Symbolen, die dazu dienen, die Verkündigung lebendig, anschaulich und einprägsam zu gestalten. Wie solche Zeichen der Verkündigung dienen können, ist jeweils kurz ausgeführt, jedoch so, daß der schöpferische und ausgestaltende Einfallsreichtum des Predigers weiter gefordert ist.

Amtsblatt für das Erzbistum München

Willi Hoffsümmer
Anschauliche Predigten
für Kinder- Jugend- und Familiengottesdienste
3. Auflage. 144 Seiten mit 19 Zeichnungen von A. Wittig. Kartoniert

Der Autor bietet in diesem Arbeitsbuch eine bunte und reichhaltige Palette von Anregungen und Modellen, wie man Kindern das Evangelium verkünden kann. Neben guten Gedanken für den Inhalt der Predigt selbst findet man hier zahlreiche Vorschläge, wie man die Kinder zum Mittun motivieren oder verschiedene Medien einsetzen kann. Jedem, der auf der Suche nach Ideen und Anregungen ist, kann man dieses originelle Buch bestens empfehlen. Ein Sachregister und ein Register der behandelten biblischen Texte vergrößern die Verwendbarkeit.

Theologisch-praktische Quartalschrift

Matthias-Grünewald-Verlag · Mainz

Kinderpredigten – anschaulich und einprägsam

Willi Hoffsümmer
99 Kinderpredigten

Mit Gegenständen aus dem Alltag
Mit Zeichnungen von K. H. Hamacher
2. Auflage. 156 Seiten. Kartoniert

Zahlreiche Veröffentlichungen der Kinder- und Jugendseelsorge stammen aus der Feder von Willi Hoffsümmer, die alle den Atem der pastoralen Wirklichkeit haben. Sie dienen der Verständlichmachung der Liturgie durch Mit-Tun, Mit-Denken und durch Gegenstände, die zum Symbol für das Glaubensleben der Kinder werden können.
Der Bogen der Vorschläge spannt sich, dem Kirchenjahr entsprechend, vom Adventskranz über das Stroh der Krippe und das Aschenkreuz bis zur Dornenkrone; und zu jedem Vorschlag gibt es noch „andere Ideen", die nicht allzuschwer zu verwirklichen sind. Auch entsprechende Literaturhinweise erleichtern das Suchen nach originellen Gestaltungsmöglichkeiten.

Bücherbord

Willi Hoffsümmer
133 Kinderpredigten

Mit Gegenständen aus dem Alltag
Mit Zeichnungen von A. Wittig
6. Auflage. 144 Seiten. Kartoniert

Da Hoffsümmer in seinen Predigten den gesamtgottesdienstlichen Kontext berücksichtigt, bilden seine Predigtanregungen wertvolle Hilfen für die Gottesdienstgestaltung, darüber hinaus jedoch auch für die lebendige Glaubensvermittlung im Bereich der Gemeindekatechese und im schulischen Religionsunterricht.

Die Zeit im Buch

Matthias-Grünewald-Verlag · Mainz